英语语言学与英语翻译理论研究

冯爱琴 ◎ 著

吉林出版集团股份有限公司
全国百佳图书出版单位

图书在版编目(CIP)数据

英语语言学与英语翻译理论研究 / 冯爱琴著. -- 长春：吉林出版集团股份有限公司, 2022.12
ISBN 978-7-5731-2310-7

Ⅰ. ①英… Ⅱ. ①冯… Ⅲ. ①英语－语言学－研究②英语－翻译－研究 Ⅳ. ①H31

中国版本图书馆 CIP 数据核字(2022)第 173420 号

YINGYU YUYANXUE YU YINGYU FANYI LILUN YANJIU
英语语言学与英语翻译理论研究

著　　者	冯爱琴
责任编辑	官志伟
装帧设计	北京万瑞铭图文化传媒有限公司
出　　版	吉林出版集团股份有限公司
发　　行	吉林出版集团社科图书有限公司
地　　址	吉林省长春市南关区福祉大路 5788 号 邮编：130118
印　　刷	唐山富达印务有限公司
电　　话	0431-81629711 (总编办)
抖 音 号	吉林出版集团社科图书有限公司 37009026326
开　　本	787mm×1092mm　1/16
印　　张	9.25
字　　数	146 千
版　　次	2023 年 1 月第 1 版
印　　次	2023 年 1 月第 1 次印刷
书　　号	ISBN 978-7-5731-2310-7
定　　价	58.00 元

如有印装质量问题，请与市场营销中心联系调换。0431-81629729

前　言

　　随着社会的进步和发展，人们的生活水平也越来越高。人与人的交往也更加频繁，无论是科学技术还是文学方面，国际交往都逐渐增多。充分掌握一定的翻译方法，特别是英语翻译，就显得尤为重要。但是国与国之间的文化毕竟存在一定的差异性，因此，在进行英语翻译时，要充分考虑各方面的相关因素。

　　翻译是促进政治、经济、文化、科技相互交流的一种重要方式，不仅是沟通不同国家人们的思想，以及学习外语的有效途径，而且还是一门探讨两种语言对应关系的学科。它具有很强的综合性，不仅理论体系很强，而且实践内涵也很丰富。作为语言的创造性活动，翻译是将之前的文章进行再一次创作，而有时候第二次创作要比原创作更难，因为它有很强的局限性。根据以前人们总结的翻译理论和方法技巧，可以学习很多东西用来指导、启发翻译实践，从而达到"举一反三、触类旁通"的效果。但是这种启发和指导作用的多少，不仅仅由理论本身来决定，而且还取决于译者掌握和驾驭两种语言的能力。由此可见，要想提高翻译能力，译者不但需要深入钻研翻译理论和方法，而且还必须要将语言基础打扎实。

　　本书围绕语言、翻译来展开论述，具有系统性与全面性，并将理论与实践紧密结合，具有实用性。为研究语言与翻译提供了新的视角，继而帮助英语翻译者能够准确而精彩地传达信息内容。

目 录

第一章 英语语言学理论概述 ... 1
  第一节 英语语言学与翻译理论 ... 1
  第二节 英语语言学的社会功能 ... 10
  第三节 英语语言翻译教学概况 ... 18

第二章 英语翻译的词汇 ... 39
  第一节 词汇学概述 ... 39
  第二节 词的语言结构 ... 43
  第三节 英语构词法 ... 48
  第四节 英语新词的产生 ... 51

第三章 英语翻译的语言语法 ... 54
  第一节 英语语法和语法单位 ... 54
  第二节 英语组合规则 ... 60

第四章 英语翻译的功能语言应用 ... 63
  第一节 系统功能语言学理论与应用研究 ... 63
  第二节 系统功能语言学与英语翻译理论 ... 79
  第三节 系统功能语言学与英语翻译理论的互动研究 ... 97

参考文献 ... 140

第一章 英语语言学理论概述

第一节 英语语言学与翻译理论

一、基本关系

（一）英语与汉语之间的关系

1. 语音迁移

语音迁移是语言迁移中最明显、最持久的现象。英语和汉语属于不同的语系，两者的发音有很大差异。首先，汉语是声调语言，用四种声调来区分不同的意思。其次，英语和汉语的音素系统差异很大，两种语言中几乎没有发音完全相同的音素。

2. 词汇迁移

初学者很容易认为，英文和中文单词是一一对应的，每一个中文单词都可以在英文中找到。事实上，一个词在另一种语言中的对应词可以有几种不同的含义，因为它们的语义场并不重合，表现为重叠、交叉和空缺。刚接触英语的人经常会错误地将汉语的搭配习惯移植到英语中，因此有很多句子不符合英语的表达习惯。除了一些专业术语和专有名词在两种语言中具有相同的含义外，其他词语在两种语言中的含义或多或少不同，这些差异会导致负迁移的发生。

3. 句法迁移

句法是形成单词和句子的规则，传统上称为语法。英文和中文在语法上有一些相似之处，但也有很大的不同。首先，汉语是一种分析语言，没有严格意义上的形态变化，主要通过词序和虚词的使用来表达各种句法关系。汉语强调意义，其意义和逻辑关系往往通过词和从句的意义来表达。受此影响，汉语学习者在使用英语时，往往只按照汉语习惯将一系列单独的句子列在一起，很少或很少使用连词。此外，英文和中文在静态和动态方面也表现出一定的差异。英语中名词化的特点让很多中国学生感到不舒服，这在写作中表现得最为明显。

语言的种类通常会影响到语言的社会功能，尤其是母语可以在一定程度上影响到学生的爱国主义情怀。在新加坡，不少有识之士指出，过去二十年新加坡母语教育的失败是造成社会凝聚力低下问题的根源。

在处理汉语和英语的关系方面应该注意以下两个问题：

（1）在全社会重视英语教学的同时，决不要忽视汉语的学习

经济全球化和科技国际化正在成为新时代的特征，英语作为国际交际中最重要的交际和交际工具，已被越来越多的人所认可。为满足人们的英语学习需求，各种教学方法、丰富多彩的学习书籍、视听产品和软件也应运而生。英语与母语都是非常重要的，不要偏向任意一方，也不要忽视任意一方。

（2）克服负向迁移，促进正向迁移

在进行英语学习时，不能有偏激的态度与看法。对于中国的英语学习者来说，汉语是他们的母语，学生在学习英语时会自觉不自觉地将自己与汉语进行比较。如果他们在教学过程中使用过多的中文，学生就很难摆脱中文。听、说、读、写等语言活动，会不断地将他们首先听到的、读到的、表达的转化为汉语。另一种是完全摆脱中文，全用英文教，这不仅困难，而且不可取。对于两种语言相似但不同的内容，学生很容易受到汉语的干扰，因此教师在教学过程中需要多加注意。

（二）外国文化与中国文化之间的关系

通常情况下，语言与文化之间具有十分紧密的联系。语言一般都含有一定程度的国家文化内涵。学习英语可以帮助学生了解多很多异国文化风情，能够有效促进学生的英语学习与运用。因此，《英语课程标准》将"文化意识"视为综合应用能力的一个组成部分，并明确了各个层次对文化意识的具体要求。

文化通常指的是一个国家的历史背景、人文地理情况、传统风俗、各类文艺、价值观等。它既包含一些有关城市、乡村、学校等具体的拥有物质形态的事物，还包含一些语言、思想、家庭模式等非物质事物。由于语言与

第一章　英语语言学理论概述

文化之间具有超出一般的密切联系，通常体现为以下三个方面：第一，语言属于文化的一个有机组成要素。其次，语言可以承载着文化，也可以充分反映出文化。第三，语言与文化之间还具有一些相互影响和促进的作用。因此，正确理解语言就需要正确理解文化，而理解文化也需要建立在正确理解语言的基础之上。

任何一门语言通常都蕴含有一定的文化内涵。在一门语言中，文化的内涵可以从言辞中体现出来。首先，在词的层面上，英文和中文有很大的不同。还有一些词只存在于英文中而在中文中没有对应的词。此外，在英文和中文中，有些词似乎指的是同一事物或概念，但实际上并非如此。对于某些单词，基本的英文和中文含义大致相同，但派生的含义可能有很大不同。

英汉语言和文化的差异其实也属于一种文化发生一定程度迁移的现象。这种文化迁移现象其实来源于文化差异所造成的文化干扰现象。具体表现为当人们在进行跨文化交流时，或者当人们在进行外语学习时，而潜移默化地运用自身的文化价值观等来对自身的言行举止进行一定程度的规范化处理，从而依据这样的思想对他人的言行举止以及思想品着等进行科学的评判。文化的内涵分为三个层次："第一层次是物质文化，是由人的主观意志加工转化而成的；第二层次是制度文化，主要包括政治经济制度，法律、文学艺术作品、人际关系、习惯行为等；第三层是心理层面，或文化观念，包括人的价值观、思维方式、审美情趣、感受道德、宗教情操深层文化迁移是指第三层次文化元素的迁移。由于属于心理层面，涉及人们的观念和思想，在跨文化交际中不易察觉。"

与语言迁移类似，文化迁移也有正迁移和负迁移之分。首先，影响信息传递的各种文化因素的教学和发现，必须以英语学习者的母语文化，即中国文化为比较对象。其次，英语教学不仅要培养引进和介绍文化、知识、技术、科学等方面的人才。外国人，同时也承担着输出中国文化的任务。此外，充分掌握中国和中国文化也是学习英语和英语沟通技巧的一个组成部分。

（三）语言知识与语言技能之间的关系

语言知识一般包含语音、语法以词汇。为了能够更流利的运用英语进行有效表达，就应该充分重视语言知识的重要作用，积极积累语言知识，掌握语言技能。帮助学生学习并掌握一些英语语言知识，也属于一项英语教学目标。在英语中，发音与语法、构词和拼写有关。对发音有很好的理解，不仅能获得听力和口语技能，还能学习语法和词汇。

英语中的习语，具有语义统一和结构固定两个特点。习语是固定的短语，在语义上是一个不可分割的单元，其整体含义通常无法从构成术语的各个单词的含义中推断出来词汇是构建语言的材料，尽管词汇量很大，并不意味着你会有很好的语言能力，但你应该掌握足够的词汇量才能拥有良好的语言技能。

语言技能是指使用语言的能力，包括听、说、读、写。口语和写作被称为生产技能，而阅读和听力被称为接受技能。听力是辨别和理解单词的能力，即听到和理解口语的意思；口语是使用口语表达想法和生成信息的能力；阅读是识别和理解书面语言的能力，即能够科学识别文字符号，并能够积极进行有效信息输入的能力；写作则是基于书面媒介进行语言信息的传达与表述的能力。为了能够有效地学会并掌握语言知识，就必须科学化进行一些听、说、读、写学习与练习。因为听、说、读、写通常是学生之间进行交流的一种有效形式，也属于学生进行综合化信息表达与传递的一项重要知识基础。

（四）教师与学生之间的关系

学生其实是学习活动的主体，教师在开展英语教学时，要有意识地以学生为中心，充分发挥出学生的主体作用。教师只是对学生的英语知识学习起到一个指导作用与督促作用。因此，教师要积极观察学生的学习状况以及心理状况，采取具有一定针对性的教学方法对学生进行更有效的英语学习教育，同时帮助学生树立正确的英语学习认识，引导学生积极投入英语学习，充分调动学生的英语学习兴趣与热情。另外，教师也要采取多元化的教学方法，关注到每一名学生的英语学习，真正做到因材施教，促进每名学生的学习与成长。

在进行英语学习时，学生需要摆正自身的学习态度，并且挖掘出自身的潜在学习动力，充分发挥出情感因素的作用。端正的学习态度以及强大的内在动力，可以很大程度上影响到学生的英语学习效果。假如学生对于讲英语的人士以及英语教师有一些不满态度，那么学生的英语学习动力则会慢慢消失，也就不能成功发展英语学习能力。依据动机理论，可以得知动机基本可以分为内在动机以及外在动机。内在动机来源于内在兴趣，而外在动机源于外在影响要素的结果。比如，父母的夸奖、惩罚、奖励等。通常情况下，内在动机与外在动机之间存在一定程度的相互关系。因此，教师既要注意培养学生的内在动机，也要关注对学生外在动机的培养。而态度则是个人对其他事物或人员的有效评价反应。

认知风格是指人们组织、分析和记忆新信息和体验的方式。就认知风格而言，英语学习者可分为领域依赖型和领域独立型两类。在进行与场相关的测量时，让学生查看一个复杂的图案并找出隐藏在该图案中的一些简单几何图形。目的是看看他们是否可以将他们看到的东西分解成部分并将这些部分与整体分开。该测试也适用于语言学习者，因为他们也必须将语言元素从上下文中分离出来才能理解它们。该领域的独立学生更有可能获得外语结构的知识。

二、英语翻译的基本原则

（一）交际性原则

1. 充分认识英语课程的性质

英语课程属于一种技能培育课程。教师要注意将英语教学视为一种语言交流工具来开展相关的英语教学活动，而不是向学生讲授一大堆的语法规则或者一些所谓有效的英语词汇。让学生使用他们所学的语言与他人交流和获取信息。

2. 创设情景，开展多种形式的丰富多彩的交际活动

语言是交流的工具，交流总是发生在特定的情境中。这些设置包括时间、地点、参与者、沟通方式、讨论的主题和其他元素，基于不同的情境，语言交流者的说话内容以及语气都会在一定情况下受到话语讲述者的身份以及时间、场合的影响。

3. 注意培养学生语言使用的得体性

英语教学的主要目标是培养学生有效沟通的能力。传统英语教学只注重纠正语法结构。根据交际原则，学生必须具备良好的交际能力，必须能够进行交际。在正确的时间和地点，以正确的方式对正确的人说正确的话。

4. 精讲多练

英语课堂的工作无非就是说和练习，一是语言知识的传授，二是语言的形成。在课堂上，需要正确教授一些语言技能，这样可以增强学习效果。

在语言训练的过程中，要针对学生的具体问题进行"点睛之笔"。

5. 注重教学内容与教学活动的真实性，贴近学生的生活

语言与现实生活息息相关，因此教学活动的设计和教学内容的选择都必须考虑到这一因素。教师在日常授课时，要能够挖掘出一些学生感兴趣的学习内容作为教学重点，充分激发学生的学习兴趣，促进学生英语知识学习。

（二）兴趣性与基本原则

1. 充分了解学生的生理与心理特点，尊重学生的主体性

学生是学习的主体，是整个学习过程的核心支撑。英语课程应从学生的身心发展状况出发，依据语言特点，对学生积极进行语言学习能力培育，积极运用听力等多种活动达到培养兴趣、形成语感的目的。唱歌、弹奏、阅读和写作、视听和提高沟通技巧。

2. 防止过于强调死记硬背、机械操练的教学倾向

学习英语需要一定的机械练习和记忆。过度机械化的练习很容易导致课堂教学死板枯燥，学生很容易失去或降低学习英语的兴趣。当学生获得交际能力时，他们的理解质量也会相应提高，学生的学习兴趣也会得到巩固和提高。

3. 挖掘教材，激情引趣

教科书是英语教学的核心。教师要想最大限度地调动学生的积极性，就要在备课时认真研读课本，充分利用课本的兴趣点，让每一节课对学生来说都是新鲜有趣的。学生的内容和活动。

4. 善于发现学生的进步，多鼓励表扬，培养学生的自信心和成就感

对于学生来说，保持学习兴趣很大程度上取决于学习的效果，以及能否获得成就感。

5. 注意发现和收集学生感兴趣的问题，把这些问题作为设计教学活动的素材

一节枯燥的数字课上得热闹非凡，笑声不断。还有的教师为了讲授英文字母，自己编排了英语字母体操。

6. 增强教师与学生之间的交流

一个班的学生来自不同的家庭和背景。教师要平等对待每个学生，对学生充满爱心，通过多种方式与学生交流，真诚地与学生交朋友，用自己的

态度对待工作和对待学生。教师要运用有趣的，充满幽默感的教学语言，向学生传授知识，并有效获得学生的尊重与喜爱。当好的情绪转移到学习上，就会变成一种兴趣和动力。教师要在严格要求学生的同时，为学生营造和谐的学习氛围。

7. 改变传统的英语测试方式

应试教育是学习兴趣的最大杀手。基础英语课程的评价应以形成性评价为主，按照学生教学活动的常规方式进行，注重学生的态度、参与热情、努力程度、沟通能力和合作精神。

8. 不要过分强调跳跳唱唱的作用

这一点主要是针对小学英语的现状而言的。小学英语教师在授课时，要能够依据儿童的身心发展规律，对学生进行趣味化的英语教学，为学生营造出一种轻松、愉悦的学习氛围，促进学生的英语学习。

（三）灵活性原则

1. 教学方法的灵活性

在英语教学史上，出现了许多不同的教学方法和流派，如语法翻译教学法、视听教学法、交际教学法等。每种方法都有自己的优点和缺点。教师不要局限于某一种流行性的教学方法。英语教学不仅包含英语语言知识教学，还包括英语运用能力培育。通常，语言知识包含语音、语法、词汇、词法等。不同的语音、不同的词汇、不同的语法元素，具有不同的特点。语言技能包括听、说、读、写，包括许多微观技能。而且学生的个体差异也很大。因此，在英语教学过程中，要结合学生特点、教学内容和教师自身特点，创造性地开展丰富多彩的教学活动，充分体现教学方法的多样性和创新性，保证英语课程的趣味性，调动学生的英语学习热情，充分激发学生英语学习潜能。教学内容还应体现多元化的原则，不仅要教英语，还要教学习方法，结合英语的教学教如何做人。

2. 学习的灵活性

教学方法和教学内容的灵活性可以有效提高英语学习的灵活性。应努力改变过去简单死记硬背的学习方式，帮助学生探索适合英语学习规律和学生生理、心理特点的自主学习模式，实现学生自主学习。自我激励和自我控制；静、动结合，基本功与自由练习相结合；个人练习和完整练习的结合。

3.语言使用的灵活性

英语学习的关键在于使用，教师要通过自身灵活地使用英语来带动影响学生使用英语。

（四）宽严结合的原则

所谓宽严与严，是指如何处理学生在学习过程中出现的语言错误，即如何处理精准与流利之间的关系。学习外语是一个漫长的内化过程。学生一开始只知道自己的母语，直到他们最终掌握了新的语言系统。他们需要经历许多不同的阶段。从中介语的角度来看，在每个阶段，学生使用的语言都是过渡语言，它不是母语的翻译，也不是将来要学习的目标语言。对各种错误的分析是第二语言习得研究中的一个重要课题，因为通过对这些错误的分析可以发现学生的学习策略，实际上这些策略也是学生学习的原因。这些错误。第一个原因是移民。

处理不可取的错误有两个极端。一是非常重视语言错误并"纠正错误"。这些人的原因是小学生正处于学习英语的初级阶段，他们需要学习正确的东西；如果让学生的语言错误任其发展，一旦成为习惯，就很难改变。给他们。另一个极端的观点是对学生的语言错误视而不见。这些人的原因是熟能生巧，只要多说，他们就可以自己慢慢克服这些错误。

宽严相济的原则，其实就是要正确处理准确与流畅的关系。"没有精确，流畅就会失去基础"这句话是正确的，但这种说法只是强调精确的重要性。正确的态度应该是"兼顾准确性和流畅性"。等级越高，越强调准确性。

（五）输入输出原则

输入其实指的是大量的英语视听知识的灌输，而输出则是大量的读写英语表达。基于心理语言学，输入是输出的前提保障。也就是说，输入是最重要的，而输出则是相对次要的。在进行教学实践时，教师要注意以下几点：

1.尽可能多地让学生接触英语

借助于视听阅读，为学生提供更清晰明了的语言输入，比如视听资料的演示，贴近学生的日常生活和学习，适合学生的英语水平和具有特色的阅读材料时代。

2.输入内容和输入形式的多样化

学生接触的英语应该是声音、图像和文字，语言的主题、体裁和内容应该是广泛而多样的。此外,我们还应注意根据上述语言输入的分类,为学生提供尽可能多的输入形式。

3. 首先强调学生的理解能力

如果学生能够理解输入的英语知识,那么就鼓励学生积极进行大量的听、读练习。基于教学目标,语言技能需要进行全方位的培育。可是,从教学方法来看,输入是输出的前提,应该先进行输入,再进行输出。

4. 为学生提供的语言材料要符合学生的实际情况,要符合可理解性和趣味性与恰当性的要求

伴随着可理解性语言的大量输入,教师就要基于这样的教学现状对学生开展更有效的各种教学练习活动。一般情况下,可以向学生开展英语教学中的一些模仿性训练。学习一门语言需要模仿,问题的关键是如何模仿,模仿什么。尤其是在结对和小组练习中,让他们根据实际情况使用所学的语言,让学生把声音和语言的意思结合起来。

三、英语翻译的目标

(一)帮助学生理解英语

扩展学生的思维活动并获得新知识。知识纯粹是关于语言特征和功能的知识。但是掌握了语言知识也可以称为理解英语。这意味着学习英语意味着学习语言和学习说语言。这两种解释实际上代表了两种不同的教学模式。从第一种模式来看,学习知识只能由学生理解和记忆,学生不需要做实际的练习和练习。重点是心理活动。从第二种模式来看,学生不仅要理解和记忆所学的知识,还要学习实际的语言应用技巧,学会将所学的知识应用到实际的语言交际中。

(二)教师帮助学生学会英语

教师是推动者,可以使用多种方式帮助学生学习英语,例如使用各种现代技术和设备来帮助学生学习。

教师首先为学生着想,自己的角色是引导和帮助学生。但是我们现在不考虑学生任务的性质和它们的样子,我们只是想当然地认为学生如何学习,即教学目标没有明确定义。按照让学生自学,由被动到主动来考虑学什么,达到什么目标:这个教学过程的目标是让学生学好英语。

(三)给学生传授语言知识

"老师教学生英语"的教学过程在这里被视为一个物质交流的过程。老师经常教学生他们认为"好"的英语,例如"标准英语"、"文学英语"等。在这个交流过程中,教师处于绝对控制的位置,而学生处于完全控制的位置。教学的重点是语言,实施者是老师,学生只是受益者,贴近情境成分。教学的目标是教给学生他们认为"好"或"漂亮"的英语,让学生学得优雅、标准的英语。老师的快乐在于知道学生明白他们在课堂上所教的内容,并欣赏他们在课堂上的教学和表现。

(四)训练学生的英语技能

在教学方法上,教师主要是对学生进行大量培训,开展很多活动,学生是这些活动的参与者和培训对象。这种教学模式不仅类似于传统的教师无所不能的教学方式,而且是模范训练法的教学方式。学生只是被培养的对象,没有主动性,很难发挥学生的主观能动性。这是一种结构主义和行为主义的教学模式。教师的主要目的不是让学生学习语言知识,而是让他们掌握语言技能。

(五)跨文化交流能力的培养

英语教学的一个最重要目标就是科学化进行跨文化交流能力的培养。一方面,它要求学生将目标语言的文化,即英语文化,与他们现有的知识在同等条件下进行转换;为了消除这一障碍,英语教学应加强文化教学,即在教学过程中,相应地进行英语语言文化教学。

第二节 英语语言学的社会功能

一、英语语言学认知

(一)对语言的认知

1. 语言的定义

首先,语言是一个系统。语言不是杂乱无章的,它不是语言材料的任意堆叠,用任意堆叠的语言材料是不可能进行有效交流的。为了有效地沟通,必须使用一组具有某些内部联系的规则来管理语言。一系列相互关联的规则就是一个系统。所有系统都包含许多子元素,这些子元素既相对独立又以某种方式相互关联。该系统由子元素组成，并以某种方式控制和调节子元素。在一个大系统中，子元素也是系统，系统的子元素称为子系统。无论是系统还是子系统，其内部组成部分之间都存在一定的内在联系，并受一定的规则支配，而语言是一个大系统，包括语音系统、词汇系统、语法系统、语用系统。系统和文本系统等子系统

其次，语言是音义的结合，语言本质上是口头的。书面语的产生远远落后于口语，最初只是口语以书面形式的记录。虽然书面语有自己的发展，逐渐形成了自己的特点，又反过来反映了口语，但毕竟书面语是离不开口语。

为了达到交际的目的，语言的表达不仅要注意语言的正确性，还要注意语言的恰当性。所谓语言的正确性，是指语言的语音和语法结构符合语言的规则；所谓语言的恰当性，是指表达的内容和语音形式、词语、语法结构、应对方式等的选择。它们符合交际对象、交际目的和交际情境的特点。语言的正确性是由语言规则决定的，语言的充分性是由语用规则决定的。

（二）语言的特征

1. 语言的交际性

人类的交流工具不仅仅是语言、信号量、电报代码、手势、姿势等。它们在某种程度上可以用作人们的交流工具。语言服务的领域要广泛得多，涵盖生产领域、经济关系领域、政治文化领域以及人们的社会生活领域。在交流的过程中，不仅可以交流思想，还可以传达彼此的情感。虽然伴随人的手势、姿势等动作也能传达情感，甚至可以不分语言地完成一定的交流任务，但都是对的。毕竟错了。语言的交际工具，所表达的意思是很有限的。至于聋人的手指语言，它是根据正常人的语言设计的一种特殊语言，用于帮助丧失了说、听、读能力的聋哑人进行交流。

理解语言的交际性质对英语教学具有重要意义。首先，英语教学的目的是培养学生使用英语进行交流的能力。语言是重要的交际工具，英语作为一种语言是重要的国际交际工具。在教材的编写和教学内容的安排上，也应将其作为英语在交际中使用的一般出发点。选择日常生活中常用的话题和演讲，以促进口头交流活动。

2. 语言的思维性

语言是思想活动的媒介和工具。思想活动是在语言的基础上进行的，

思想离不开语言。因此，英语教学也必须培养用英语思考和交流思想的能力。如果英语教学过程中不能培养出用英语理解和表达思想的能力，就很难掌握地道的英语和英语的精神本质。通过用英语表达想法，你可以用你的母语来描述你脑海中的想法，然后将它们翻译成英语来表达你的想法。听英语时，你会先在脑海中将英语翻译成你的母语，以便于理解。

3. 语言的有声性

人之所以能感觉和使用语言，是因为人有口中发出的声音作为物质外壳，语言变成了物质的、写实的、听得见的、说出来的、看得见的、写出来的语言。

口语具有三个特征：现实性、持久性和存在性。时间是指演讲后应该有一个句子，中间没有长时间的停顿；持久性意味着一个句子被说出并在很短的时间内留在记忆中。大多数人听连续的语音并准确地记住它。不超过七八秒；在场是指说话人通常给予及时的回应，或大笑、表示赞同，或摇头皱眉表示不赞同；此外，口语结构简单，常用省略号和缩略语。

4. 语言的任意性

第一，音义组合是相对任意的，也就是说某种语音形式所表达出来的意思是相对任意的。正因为这样的原因，人类祖先为了表达一个意思，但是采用了不同的语音形式，从而形成了不同的语言，以至于世界上将近出现了5500多种语言。语言具有一定的社会性，具体的语音形式以及含义之间并没有什么必然联系，完全是具有偶然性的。其次，不同的语言通常情况下具有不同的语音与含义。并且同样的语音形式处于不同的语言系统中可以表达不同的意思。而同样的意思基于不同的语言系统也会有不同的语音来进行言语表达。

5. 语言的情感性

语言具有表达意义的功能，并且具有最充分的表达意义的功能。人们在发音音节的声音语言时，往往伴随着手势、眼神、面部表情和肢体动作，以加强表达感情的作用。语言交际活动属于非语言工具的范畴，如表情和动作；所有这些表情和动作都是为了加强声音语言，加深表达情感的印象。

非语言交流方式可分为三种类型：无声动态、无声静态和有声但没有固定语义的伴随语言。沉默的活力是指同意、肯定或强调的点头，以及满足的情绪。静默可以表达语义和情感。人们站着不动，表达震惊的语义和不同的情绪，如惊讶、悲伤、恐惧和冷漠。伴随的语言是一种声音，但不是口头的，如各种笑声、哼声等：笑声单独包括笑声、笑声、笑声、笑声、笑声没有笑声、苦笑声、甜甜的笑声、笑声、冷笑、冷笑、假笑、阴险的假笑、谄媚的笑等。

（三）语言研究理论

1. 语言的内部研究

语用学是语言学的一个组成部分，研究语言符号和上下文信息的相互作用以产生语用意义。结构语言学，特别是其描述学派，力求将研究范围仅限于语言单位之间的形式关系，并有意尽量不涉及意义，"排除意义"。在转化生成语法的语义理论中，句子与语言的虚拟和抽象用户相关联：现实中使用该语言的人及其感受、相互关系、意图和目的被排除在分析之外。自20世纪70年代初以来，"语用学"一词及相关概念越来越频繁地出现在各流派语言学家的著作中。语用学的任务是揭示说话者说话的条件是什么，在特定情况下说话的目的是什么。

2. 语言的外部研究

心理语言学是研究语言活动中心理过程的学科，以及必须具备哪些知识和技能才能掌握和使用它。这个系统。从信息处理的角度来看，心理语言学是研究个体语音交流中的编码和解码过程。由于研究对象的特点，它与许多学科密切相关。但在方法上，主要采用实验心理学方法。

社会语言学是20世纪60年代最早出现在美国的一门边缘学科，主要是指利用语言学和社会学的理论和方法，从不同社会科学的角度研究语言的社会性质和差异的学科。这个定义有几种不同的解释。研究内容涉及说话者的社会认同、听话者的认同、会话场景、社会方言的历时与共时考察、普通人的语言学、语言的变异程度、社会语言学的应用。他的观点涉及语言的语境、历时性和共时性。他的注意力集中在"语言变异"上，而社会语言学本身就是基于变异的。

社会语言学现在取得了一些显着的进展。20世纪60年代以后，随着语言学家对语言异质性认识的不断深入，社会语言学已演变为交际民族志、跨文化交际、交际语言学、语言社会化与习得、会话分析、语言变异研究、语言学等。

二、语言学习理论

（一）学习语言和习得语言

近年来，关于人如何成为语言使用者的研究主要集中在语言学习和语言习得这两个概念上。克拉申（Krashen）认为习得和学习是语言发展的两种不同形式。它们是在采集和存储方面。有一个很大的区别，一般情况下，在一门自然语言的使用过程中，习得发生属于一个潜意识过程，并有一定的直觉性。假如是在有意识进行语言学习时，这将是一个有意识的发展过程。并且，所学会的知识将存储于大脑左半球的语言区，进行自动化的语言处理；习得的知识其实属于一种元语言知识，也存储于大脑的左半球，但是并不固定于语言区域。它只是进行一些有意识化的语言加工，是语言理解和产生的基础。另外，所学会的知识也只是具有一定的监控作用，也就是基于监控价值来综合评判语言的输出是否合乎标准。

（二）任务型学习

第一，任务型学习的重要性。

许多教学方法研究人员不太关注语言输入的性质，而是强调学生参与的学习任务。获得语言经验。也就是说，不需要正式学习语法，而只要求学生有意识地使用目标语言进行交际活动。学生之间的交流越多，他们就越会使用这种语言。

任务型学习其实属于一种具有双边或多边的一种有效互动行为。整个活动中所学习的语言知识其实属于一种工具，帮助学生在互动行为中体验到知识和技能的价值，从而提升学生的学习意识与学习主动性。

第二，任务型教学的原则。

①语境真实性原则

依据学生的实际心理需求进行科学化的教学任务设计，可以保障学生有话可说，并且基于这种日常化生活情境，学生可以更愿意说话，从而在真实的情境中体验到语言的魅力。因此，教师要积极备课，提早做好教学任务规划。

②可操作性原则

教师在进行教学任务设计时，要保障所选内容的科学性与合适性。除此以外，还有综合考虑学校的教学环境以及相关的教学设备是否可以开展相关的教学活动。

③互动合作性原则

任务型教学属于一种具有一定交际性的教学方法，更注重师生之间的有效互动。由于师生互动属于一种双向之间的有效互动，并不仅仅是单向的知识传递过程。因此教师不是"主角"。另外，学生还可以通过个人、小组、集体相结合的方式来共同完成任务，从而有效进行互助学习，以及分工学习。

第三，任务型教学的步骤。

①前任务（Pre-task）

教师可以依据教学任务的实际要求以及具体的实施步骤来开展具有一定针对性的教学。此外，还可以积极运用多媒体教学设备，为学生呈现出更加新鲜有趣的英语内容，充分提升学生的学习兴趣，提升学生的课堂参与率。

②语言重点（Language-focus）

当任务结束后，教师可以鼓励学生积极讨论所学习到的新知识点，并引导学生依据该新知识点进行有意义的英语交际练习，从而达到灵活运用英语进行交际的目的，切实做得"学以致用"。

第四，任务型教学模式在英语教学中的运用。

①阅读准备阶段

通过活动，可以有效连接学生既已掌握的原有知识内容，从而为后续阅读教学的展开奠定一定的知识基础。一般情况下，这个过程类似于导入。只是教师又原来的知识介绍者，转变为知识活动的组织者以及任务提出者。从而充分激发学生头脑中的已经存在的知识，成为学生知识学习的引导者与帮助者。

②阅读理解阶段

通常情况下，学生可以选择一个人自主完成这个教学任务。教师只需要发挥出自身对阅读过程的掌控作用以及阅读学习评估作用即可。一般情况下，学生的具体阅读过程可以分为精读与速读两个步骤。教师可以通过有效设置阅读问题，接着引导学生带着问题有意识进行精读和速读。最后，教师可以依据学生的实际阅读回答来有效检测出学生的阅读效果。

③语篇分析阶段

这里的语篇分析并不是对文章中的一些语法现象进行科学的分析与解

释。而是基于教师的引导作用，充分结合阅读材料的内容与结构，引导学生进行深入的学习与探究，从而科学制定具体的教学方案。通常情况下，可以积极采用小组活动，引导学生积极绘画出阅读文章的结构图，帮助学生树立清晰的阅读大纲。

④课文巩固深入阶段

这一环节通常容易于教学中经常提到的操练相混淆，只是练习更注重语言的形式，不具有一定的现实意义；而任务型教学则更注重于语言的意义，并且还具有一定的现实场景意义。

⑤课文学习的延伸阶段

阅读的目的是为了有效帮助学生获取相关的信息，并保障相应的交流效果。教师可以充分利用教学资源为学生提供一个更加优质的交流机会与环境，促进学生更深入地投入英语学习，并与全班学生进行积极的互动交流，一起分享阅读成果。

三、人本主义语言学习理论

（一）对传统英语教学法的挑战

第一，传统的以教师为核心的教学法不仅违背了学生的身心发展规律，也在一定程度上违背了学生的英语学习规律，所以很难真正的培育学生的听、说、读、写综合英语技能。由于英语属于一门语言学科，更重要的是为了相互交流使用。因此，英语学习的主要任务不是"教"，而是"学"；学生的主要任务是进行"练习"，而不是纯粹的"背诵"。

第二，传统的以教师为核心的教学方法不仅抹杀了学生学习英语的自主性，还抑制了学生的学习热情的发展。因此，传统的以教师为核心的教育方法其实也属于强硬的灌输型教育。这样的教学方法主要强调"背书"的作用，因此将学习这一乐趣变得十分的枯燥无趣。

第三，传统的以教师为核心的教学方法并不能帮助学生真正理解英语学习的真谛。传统的英语教学法仅仅是将英语视为一种理论知识对学生进行讲授，因此学生通常会误解英语学习就是一种依据英语语法知识将一些单词组成句子，进而组成一篇文章。基于这样的英语学习理念，学生所掌握的英语其实是一种语法式的英语，而不是运用于人际交流的英语。尽管学生组织出来的英语句子在语法上正确，但是其实是一种令英语母语人士都有些不太明白意思的句子。

（二）"以学生为本"英语教学法的指导思想和教学原则

现代化英语教学法要充分凸显学生的主体性，以学生为教育核心，展开相关的教学活动，充分提升学生的智力水平以及情感水平，激发学生的英语学习兴趣。在具体的教学实践中，教师用大量的语言交流实践，一方面提升学生的学习兴趣，充分发挥出学生的自主学习能力，另一方面充分锻炼学生的英语交际运用能力。基于新的教育理念，教师要充分尊重学生的主体地位，以学生为首位，展开教学活动。这样的教学法是核心在于充分激发学生的学习积极性，并发挥出教师的教学主导作用，有效开展以学生为中心的教学模式。通过积极活跃的教学活动，及时发现课堂问题，并积极改进，有效引导学生进行科学化的英语学习。

（三）"以学生为本"英语教学法的具体实施

第一，英语口语课教学的实施。

"以学生为中心"的英语口语课程应该为学生创设出一种能够自由进行言语表达的场所，并将其打造为一个科学化运用英语进行口语练习的一个表演型舞台。教师可以充分挖掘教材中的英语内容知识，并有效挖掘并提炼出一个热点英语话题，积极组织学生开展英语口语练习，帮助学热情的参与进来，有效锻炼学生的英语口语能力。

第二，英语精读课教学的实施。

在进行英语教学时，教师必须充分认识到自身的作用与价值，自己不只是一个进行英语语法教学的教师，而是一位能够充分尊重学生主体地位，对学生进行英语精读课程教育的指导者，充分激发学生的自主学习能力，让学生成为知识的主动吸取者，并非一个被动的语言摘抄者。传统的英语课程阅读任务通常是在教师的教导下进行完成的。如今，教师可以为学生限定一定的阅读时间，然后指引学生自主地发现问题，并积极运用自身已经掌握的英语语法知识等进行有效的解释。教师要在英语阅读课程上，为学生创设出更多的语言应用情境，让学生在阅读以及完成阅读习题的过程中，充分体验出阅读的乐趣，掌握一定的阅读方法与技巧。

第三节 英语语言翻译教学概况

一、英语阅读教学

（一）英语阅读教学综述

语言教育起源于中世纪末期的英国，但外语教育的真正开始要从 18 世纪开始计算，使用的方法是语法翻译教学法。

通过系统地将认知理论应用于阅读理论的研究，为识别书写系统各种组成部分（包括词汇和语法知识）的能力。语篇能力、语篇标记语以及它们结合语篇不同部分构成连贯语篇的知识；社会语言学能力，对其他文本的结构和内容的知识战略能力，以及利用各种阅读策略理解文本的能力；阅读教学要为学生提供不同文体的实际语言资料，通过阅读实践获得阅读所需的知识、技能和策略。读书教育要与知识摄入相结合。

（二）阅读教学的理论基础

1. 语篇分析

篇章语言学是 20 世纪 50 年代发展起来的科学。语篇分析是文章比较较大语言单位的语言分析，目的是解释人们如何构成和理解各种连贯语篇。

（1）衔接

衔接是语篇特征的重要内容，是指通过语法和词汇手段，将语篇的句子或大词段的意义紧密联系在一起的现象。英语语篇的主要衔接手段是参照、替换、省略、衔接和词汇照顾。

①请参阅

有些语言单位本身不能进行语义解释，必须参考其他单位来明确其含义。这些单位之间形成参考关系。从使用的语言手段来看，参考包括三种方法：人称、指示和比较。语言和非语言因素分析的参考既包括情景参考，也包括上下文参考。可以用语言内部的信息解释其含义的是语境参考。要依靠有话的客观环境来解释，称为情景参考。

②替换和省略

如果一个单位代替另一个单位，则成为替代关系。如果省略了某些单位，则会出现省略关系。替代和省略除了加强语言的结构联系外，还可以改变语言，使其不枯燥，简洁活泼。

③连接

连接成分的连接作用是间接的，本身不能直接影响上一句或下一句的结构，但其具体含义表明必须有其他句的存在。连接成分表示语义上的关系，而不是语法上的关系。

④词汇照应

词汇照应是指通过词汇的选择而产生的照应关系。词汇照应手段主要有重申和搭配两种。重申有重复、同义词或近义词、上下义词、概括词等四种形式。例如：

When we look at puppies or kittens it is easy to see that they are baby clogs or baby cats.Although they do not look exactly like adult cats we do not have any trouble recognizing that they are the same animals，搭配也是实现语篇衔接的重要手段，这里所说的搭配是指词与词之间的一种共现关系。有一些词，意义很不相同，甚至是反义词，但经常出现在同一语境，使它们具有衔接的作用。例如，Mary is a good waitress，but she is a bad wife.其中good和bad是一对反义词，正是通过这一共现关系，使得句子前后衔接起来。

（2）一致性

一致性是指语篇的语义关联，一贯存在于语篇底层，通过逻辑推理实现语义的连接是连接语篇的无形网络。一篇语篇往往有一个主题，其中的所有内容都围绕这个主题展开，通过意义的关联性形成连贯的语篇。

2.语篇理解的模式

篇章阅读研究最早开始于20世纪30年代使用实验心理学方法对篇章阅读和记忆的研究。在随后的大约40年里，更多的阅读研究是教育心理学家为了课堂教学的应用而进行的，他们研究的主要目标不是篇章理解的实质性探索，研究者缺乏明确的理论模型来支持研究和方向。到20世纪70年代末，在信息加工主流思想的指导下，现代认知心理学的迅猛发展引起了研究者对篇章阅读领域的兴趣，他们对语篇理解过程进行了大量研究，并提出了各种语篇理解的模式。这些模式可分为自下而上、自上而下和交互模式三种。

（1）自下而上模式

自下而上模型是传统的阅读理解理论，起源于19世纪中期，是一种以文本为中心的模型，它使用信息处理理论来描述阅读过程。也就是说，从可见的文字符号到理解文字含义的整个过程，从低级小单位文字处理到高级单词、句子、语义处理过程。和语篇的顺序从低到高、从简略到复杂的线性信息处理过程进行。教师的主要任务是帮助学生解决语言知识的问题。

自下而上模型解释了信息处理的线性模式对阅读研究的影响，但在阅读过程中未能说明各种信息之间的相互作用，仅限于单词、单词、句子等线性理解水平。如果从读者已有的知识中提取信息进行处理，语篇可以分层形式向读者提供信息，但文字比单独出现在单词中更容易察觉，单词比单独出现在有意义的句子或语篇中更容易识别。不管句子的语法多么复杂，深度语义关系一致的句子比语义关系混乱的句子更容易整合。它把低水平的过程与高水平的过程截然分开，读者没有意识到在阅读过程中能起到高水平知识的作用。

（2）自上而下模式

自上而下模式是20世纪60年代后期在认知心理学的影响下发展起来的阅读理论。这个理论认为，阅读的四个过程：预测、取样、验证和修改。（字形发音、语法、意思）中不断抽取样本。字形发音信息来自书面符号，语法意义信息取决于读者的语言能力。在抽样过程中，读者不必看清所有的字和词。也就是说，读者在阅读中只选择能证明他预测的线索。

概念能力是指读者在阅读时输入的零碎信息迅速收集到概念中的能力。背景知识是指读者的常识和关于某一领域或主题的知识。处理策略是指阅读能力的各个方面，不仅包括语法、意义和章节结构的知识，还包括"弱读"和"读"等多种阅读技术。在阅读中，三者相互作用，通过逻辑思维能力和背景知识赋予文字意义。自上而下模式不是读者被动接受文字信息，而是根据读者本身的因素积极理解阅读，所以自上而下模式是一种以读者为中心的阅读模式。

（3）交互模式

交互模式包括多种理论，其中图式理论是影响力最大、最著名的理论。有人发现，从一般到具体结构的论问问卷比从一般结构到具体的论问问卷更容易理解。

阅读理解是选择和激发描述输入信息的架构和变量约束的过程。也就是说，阅读理解是先输入特定信息，然后找到能够解释该信息的架构。如果找到足够的架构来说明此信息，或者细化特定的架构，就会产生理解。在理解过程中，加工水平是循环进行的，随着阅读行为的进行，会激活更高水平的图式，理解的循环会走向更高水平，对文章的理解以及对段落和章节理解。

二、英语听力教学

（一）英语听力教学综述

听力是生活中最常见而又最容易被语言教学所忽视的一项技能，在20世纪70年代之前，有关语言教学研究的文献中很少专门探讨听力教学的问题。而随着交际教学法的推广，人们开始意识到听力是人的语言水平的重要方面，听力教学逐步引起人们的重视。各种形式的考试都把听力作为考查的一个组成部分。关于听力教学人们基本达成以下共识：听力材料应该包括独白和对话在内的选材广泛的真实的口语语篇；在听之前，应该首先使学生建立相应的图式；听力的策略要融合于听力的材料之中；要给学生几次听一个语篇的机会，使他们逐渐地形成自己的听力技能，并在每次听的时候逐渐加大听力任务的难度；听力活动要有目的性，学习者要清楚自己要获得什么样信息，为什么要获得这些信息；听力活动或者任务要给学生创造积极参与听的过程的机会。

（二）英语听力教学的理论基础

1. 听的心理过程

在听、说、读、写四项技能中，听被称为"接受性技能"，但是这并不意味着听就是一个被动地接受过程，实际上听是一个非常主动的、积极的信息处理过程。

心理语言学的研究表明，听的过程与人的记忆有着密切的关系，外部信息通过感觉器官时，按输入台保持很短的时间，这就是认知记忆。感应内存也称为图像内存或瞬时内存，是指外部刺激在极短的时间内出现一次后，一定量的信息迅速登记在感觉通道中，从而保留瞬间的记忆。知觉记忆是信息处理的第一步。短期记忆又称工作记忆。是指信息出现一次后一秒内保持的记忆。短时间记忆与认知记忆不同，认知记忆中的信息没有意识，没有加工，短时间记忆是可操作性、工作中、活动中的记忆。人们暂时记住一些东西是为了对那个事物进行某种加工。加工后就忘记了。如果需要长期保持，必须在这个系统中制作加工代码，才能存储在长期内存中。短期记忆的信息来自认知记忆和长期记忆。因为，当人们需要某种知识和规则时，从长期记忆中提取的信息只有追溯到短时间记忆才能被识别和储备。从信息处理的角度来看，如果人主观地组织资料并重新编码，记忆的容量也可以扩大。他提出了团的概念。捆绑是指将几个小单位组合成熟悉的大单位的信息加工。他认为短期记忆容量不是信息论中使用的比特，而是以组为单位的。块可以是数字、字母、单词、短语或短语。

　　长期记忆是用学习的材料复习或复述后长期留在脑子里的记忆。长期记忆是真正的存储库，记忆的容量似乎是无限的，可以储存一个人对世界的所有知识，为他的所有活动提供必要的知识库。信息从短期记忆转移到长期记忆，需要组织相关信息。组织加工是指整合材料，将新材料纳入现有知识结构框架，或将材料合并为统一单位，形成新的知识框架。信息从短期记忆转移到长期记忆时如何加工，编码成什么形式，在很大程度上取决于材料本身的性质和个人的个性。对于语言资料，语义编码更多。

　　从系统论的观点来看，感知记忆、短时记忆和长时记忆是一个统一记忆系统中的三个不同的信息加工阶段，它们之间不是彼此孤立的，而是相互影响、相互作用又相互联系的。

　　根据记忆的第三阶段，听的心理过程也由三个主要阶段组成。在第一阶段，声音通过人的感觉器官进入感觉记忆，并利用听话人已有的语言知识，将这些信息转换成有意义的单位。信息存储在感官记忆中的时间很短，听的人整理这个意义单位的时间很少。在听母语的时候，这个过程一般都很顺利，在听外语的过程中，当听者试图将连续的词类组成有意义的单位时，很可能会出现问题。有时，在听众处理现有信息之前，新信息会不断流入，听力会变得困难。在第二阶段，信息处理是在短期记忆中进行的，这是一个不到几秒钟的非常短的过程。现阶段，听者应将听到的单词或单词的组合与长期记忆中存储的语言知识进行比较，对记忆中的信息进行重组和编码，然后形成有意义的命题，听者必须分割连续性的词类，分割的主要线索是意义。意义表现在句法、语音、意义三个层面。获得意义后，听者一般会忘记具体的词汇。在这个阶段，处理速度很重要。现有信息必须在新信息到达之前处理。这很容易给外语学习者造成处理系统的信息过载，初级外语学习者往往因为处理速度不足而无法从信息中获得意义。由于学习者听力训练的增加和语言知识的积累，经常听到的信息的处理成为一个自动化的过程，为处理难度高或不熟悉的信息留出了更多的空间。在第三阶段，听者将获得的意义转移到长期记忆中，与已知信息联系起来，确定命题的意义，当新输入的信息与已知信息一致时，就能理解。现阶段形成的命题与长期记忆的已知信息联系在一起时，大脑通过积极的思维活动进行分析、合成、归纳，使其成为一致的语言材料，实现意义的重构。

上述过程在听的过程中只是信息处理的一般阶段，但实际过程要复杂得多。因为在听的过程中处理信息不仅仅取决于语言本身。听的人必须把语言放在具体的语境中，才能理解真正的含义。在听母语的过程中，听者可以自动激活长期积累的文化知识、演讲者的背景等相关信息，并根据过去的经验在一定程度上预测下一步将听到的内容。他们知道不同类型的人以不同的方式表达不同的内容，在不同的地方和讨论不同的问题时使用不同的语言风格。这些知识在上述所有三个阶段都起作用。

由此我们可以看出，聆听的心理过程有三个主要特征。第一，听是一个积极的过程。在听的过程中，听者不是被动地接收信息，而是积极调动大脑现有的语言知识和背景知识，主动识别、分析和综合，了解说话人传达的信息和意图。第二，听力是一个创造性的过程。意义不是已经存在于语言资料中，而是根据听话的人，对同一个单词或句子有不同的理解。在语言交际过程中，说话者为了语言表达的简洁，不能表达任何细节，更不用说了。因此，在听力理解过程中，听话的人要根据语言资料提供的线索和自己的社会经验和背景知识，创造性地构建意义。第三，听力是一个互动的过程。作为语言交际的重要方面，听力理解包括说话人和听话人双方。从某种意义上说，听力理解是交往双方在互动中协商意义的过程。特别是面对面的语言交往中，通过听话人的面部表情和手势判断听话人是否理解自己的意思，并通过这些来调整自己的语言。同样，听话的人可以用语言或非语言手段表示是否理解说话人的意思。

2. 影响听力的因素

从上面听到的心理过程可以看出，影响听力的因素是多方面的。摘要包括语言本身的要素、语言背景知识、分析综合能力等方面。

（1）语言本身的要素

首先，扎实的语音知识是理解听力的基础。英语中有些语音对中国学生来说很陌生，很难区分。特别是有些元音更是如此。一些辅音簇的辅音也经常被省略或同化。当然，口语的理解并不完全取决于对相似语音的区分，在很多情况下，语境的意义可以提供足够的信息，让听者识别语音。另外，英语中口音和口音也很重要。语言的节奏主要通过重读音节的变化来实现。重读的目的在于表达主要信息的词汇。再专断词的变化往往会改变句子中单词不变，整个句子的意思。

掌握足够数量的可感知词汇是听力的基础。对于外语学习者来说，遇到新单词时，经常会突然停下来考虑新单词的含义，使听的人错过其他内容。词汇量的不足有时导致学习者的词义过于狭窄，对一个词的多义性不太了解，这种情况很容易引起听者的误解。当然，新单词并不总是对听力造成障碍，有时听的人可以根据上下文推断新单词的意思，有时新单词在整个话语中不太重要，因此，即使错过了这个单词，也不会造成句子的误解或理解。除了语音和词汇知识外，听者还必须具备必要的语法知识。否则，即使听懂了话中的所有单词，也无法知道句子的语法层次关系，因此可能会对句子产生误解。

（2）语言背景知识

语言背景知识对听者准确获取信息也很重要。根据图式理论，听的过程是听者利用大脑中存储的文化背景知识加工和整理新信息的过程。听者要分析、选择、整理得到的信息，获得新的知识。在听的过程中，听者根据这个示意图和听到的内容验证以前的预测，并补充其中的一部分。听的内容中有很多信息是听众已经掌握的，加工整理的重点在于未知的新信息。新信息越多，处理负担就越大。也就是说，听的人知道的信息越多，听起来就越难。对于完全陌生领域的听力资料，听者的困难很大。

（3）分析综合能力

分析综合能力主要表现在听的过程中对语篇的理解方面。对语篇的理解包含多种因素，在听力理解过程中，随着语篇的开展，听者需要根据语篇的语境运用积极的认知策略，理解语篇表达的意义。语篇由一系列文章组成，但文章的意义有时受到语篇宏观结构的制约。对单句的理解不能说明听话的人已经理解了整个语篇。

听力是在听力训练过程中无法控制所听资料的难度、速度、语调和节奏的接受性语言技术。这些客观因素会给听者造成一定的心理压力。另外，在听力教学中，学生的心理活动容易陷入抑制状态，思维变得迟钝，不容易发挥学生的主动性和积极性，课堂气氛也很压抑。另外，一些学生遇到听不懂的单词和句子会变得过于焦虑，从而降低信息处理的效率，增加听力活动的难度。

3. 会话含义

会话含义是语用学研究的重要问题，了解有关的理论知识对于听力教学具有重要意义。在实际的言语交际中，说话者的真实意义有时与所说话的字面意义不一致，会话含义就是指隐含在字面意义之内的说话者的真实意义。会话中需要人们共同遵守的原则称为"合作原则"，其中包括一系列的会话准则：量的准则：说的话应包含需要的信息内容，不多也不少；质的准则：说的话应该是真实的，不要说自己认为是假的话，也不要说缺乏足够证据的话；相关准则：说的话要与话题相关；方式准则：说话要清楚明白，要简练有条理，避免晦涩和歧义。

（三）英语听力课堂教学

听力教学的目标是使学生能够恰当、灵活地使用各种听力技巧，最大限度地提高听力理解的能力。但是在真正的听的实践中，可能遇到各种困难。即便学生还不能够完全掌握所学的语法现象和大量的词汇，教师也期望学生能够应对真实的交际环境。这就意味着学生要能够尽量多地理解所听到的语音，分辨出相关的信息，了解主要内容而非逐字逐句地理解。多听可以得到更多的语音输入，而语音输入是语言习得的基础，是交际互动的必要条件之一。教师要培养学生根据不同的语境、输入的信息和目的来调整听的行为，帮助学生建立系统的听力策略，并使用适当的策略来应对不同的语境。

1. 听力策略的培养

听力策略是加强听力理解和回忆所听内容的技巧或者活动。听力策略可根据处理信息输入的不同方法来分类，主要包括自上而下和自下而上两种方法。自上而下的方法以听者为出发点，听者应了解话题所涉及的背景、上下文内容，文章的类型和语言。这些背景知识将有助于听者预测和阐释所听到的内容。自上而下法所采用的方法包括抓主旨大意、预测、推理、总结等。自下而上法以文章为出发点。自下而上所采用的方法包括听具体细节、辨识单词、了解词序的模式等。另外，熟练掌握听力技巧的听者还能够使用元认知策略来计划、检查和评估他们所听的内容。他们能够确定在特定的语言环境中使用哪种听力策略最为有效，能够检查他们的听力理解是否准确，所选择的技巧是否有效，并且通过是否达到了听力理解的目标，是否在听的过程中选择了有效的听力技巧来评估他们的听力行为。

除上述两种具体的方法之外，听力教学还要注意培养学生的元认知策略，元认知策略具有计划性、监控性、反馈评估性的特点。元认知理论是指一个人所具有的关于自己思维活动和学习活动的知识及实施的控制。它主要包括两大部分内容：对于认知的知识，即个体对认知活动、过程、结果以及其他与认知有关的知识；对认知的调节和监控，即个体在认知活动进行过程中、对自己的认知活动积极进行监控调节，以达到预定目标。简单来说，元认知是认知的认识，是个人对自己认知处理过程的自觉、自我调节和自我评价。根据这一理论，听力教学中的元认知策略需要确定听众在听之前根据特定语言环境使用的听力策略，在听的时候评估他们的听力理解是否正确，选择的技巧是否有效，听后是否达到了听力理解的目标，在听的过程中是否选择了有效的听力技巧。帮助学生建立系统的听力策略体系，灵活使用适当的策略应对不同的情况，最终达到加强听力理解的目的。

2.英语听力教学的阶段

英语听力教学可分为听力前阶段、听力中阶段和听力后阶段三个阶段。听力前阶段是指学生正式开始听力前的一段时间内的准备活动。在听力前阶段，教师要决定听的资料的大致类型和听的目的。听力前活动主要包括为学生提供背景知识。让学生阅读相关内容。给学生看画。讨论要听的主题。对要听的内容进行问答。介绍听力训练课程等。这些活动的目的是帮助学生激活相关背景知识，预测要听的内容，解决可能出现的语言问题、背景知识问题等，使学生尽快进入听的状态。

选择和设计听力前活动时，请注意以下几点：听力前活动不要太久。应该尽可能帮助学生感受到后面的听力活动真实、自然、接近现实生活。要让学生通过这些活动了解听力材料的交际活动发生的时间、地点、参与的人、他们之间的关系等多种信息。向学生明确他们听的程序。

听力后阶段是指学生完成听力课程后，以听力资料为中心进行各种活动的期间。部分听力后活动是听力前和听力中活动的扩展，与前面的活动密切相关，部分活动与前面的活动的关系比较松散。听后活动的目的在于以下几个方面：

第一，检查听力理解的效果。听力活动结束后，教师可以通过口头给出答案、要求学生相互检查、准备小组讨论、要求学生亲自确认教科书上提供的答案等多种方法检查听力理解的效果。

第二，反思听力过程的成败得失。教师可以根据本课的教学目标，将一种或多种听力微技术定为培养的重点，结合学生的实际成果，培养学生的学习策略，提高学生的技能水平。

第三，给学生机会考虑听力材料中讲话者的态度与方式。在听母语的过程中，听者一般可以容易地识别讲话者的态度，但是对于外语学习者来说，在听的过程中他们一般把重点放在信息的获取上，而无暇顾及讲话者的态度和方式。

第四，扩展听力材料的主题，顺利过渡到其他的语言技能训练活动中。

三、英语写作教学

（一）英语写作教学综述

写作也可以看作是一个过程。许多研究者认为写作是将思想转化为书面语的过程，其中包括一系列解决问题战略的使用和认知活动。为了揭示这种隐藏的心理过程，研究者采用有声思维、观察以及事后访谈等方法。有声思维的研究方法来自于认知心理学，它要求受试者把在写作过程中的心理活动用语言讲述出来。该模式包括三个主要的部分：作者的长期记忆、任务环境以及写作过程本身。写作过程包括计划、用语言表达思想和检查三个阶段。相关研究表明，写作不是线性过程，也不是严格按照计划、起草、修改的顺序进行的，在很多情况下，作者在这三个阶段都要绕道。作者本身拥有内部资源和外部环境在写作过程中相互作用，具有整个写作过程相互作用特点。

关于写作的结果与过程的两种观点对写作教学都产生了很大的影响，由此出现的"结果教学法"和"过程教学法"一直是近几十年来写作教学的主流。在我国，英语写作教学也经历了一个复杂的过程。我国的英语教学历来就有重视读写的教学传统，许多教师都把读写教学作为英语教学的根本。但是，在强调读写教学时，人们往往强调的是学生阅读能力的培养，而把写作教学放置在一个从属的位置。在20世纪80年代以前，我国英语教学中基本上不考虑写作教学的问题，有关写作教学的研究也是寥寥无几。最近几年的时间中，写作教学逐渐成为外语教学研究的热点问题之一，并出现了许多的研究成果。

（二）英语写作教学的理论基础

1. 写作的特殊性

如果把写作等同于一种技术，只用测试或技巧练习，那就是浪费。写作是更高层次的综合学习。其教学目的和方法都必须与其他三项基本技术不同。第一，从语言习得的角度来看，写作能力具有特殊性。阅读和写作都与书面语有关，不能通过语言习得过程自然获得，必须经过专业的教育和学习。在读和写之间，写作能力的培养更加困难。写和说都是输出型技术，但两者之间也不能对等，能用英语说的不一定能用。因为写作不仅仅是把我们说的话落在纸上。学生写作能力的提高不能通过其他语言能力的提高自然获得。第二，从语言神经生理的基础来看，写作也不同于其他语言功能。据说，张谦中由于脑神经细胞的排列和功能不同，读写分别对大脑皮层形成相对独立的管辖区。视觉语言中枢，听觉语言中枢，笔记中枢。因此，写作教育要求有自己独特的活动形式。第三，从写作的过程来看，写作有自己的特点。在语言的四种技术中，说和写是生产型技术，听和读是接受型技术。因此，比起听和读，说和写是更积极积极的思维活动。比起口语，写作还有自己的特点。口头沟通经常受到时间和空间的限制，要求说话者立即做出反应，所以说需要自动化。另外，口语中使用的词汇比较简单，句子结构松散，手势、动作表情、重音、节奏、语调、停顿可以加强表情达意。作为书面语的写作不受时空限制，往往有充分的时间考虑。因此，如果写作是一个自觉的过程，就不要求自动化。另外，写作只能通过文字和符号表达思想，对面部表情、手势、手势和语音没有辅助，也没有即时反馈。因此，写作要正确的单词调查、句子结构规范、严谨、段落发展符合逻辑、母篇的安排适当。但是写作的优点是作者有很多时间思考和修改。第四，从教学过程的心理机制、目的、内容、结构来看，写作也要接受与其他技术不同的教导。写作活动是属于概念、原理、问题解决的学习，是属于高级阶段的学习，其教学方法当然不能采用刺激初级阶段信号学习或反应学习的方法。

2. 写作的过程

表达主义者把写作视为与写作结果同样重要的发现真正自我的创造性活动，因此写作教学应该个性化，教学活动要帮助学生发现自我，真正地表达自己的内心情感与思想。由此我们可以看出，表达主义者更加重视表达的流利性。认知主义者则把写作视为解决问题的过程，这一思想对于第二语言和外语教学中的写作教学产生了更大的影响。与表达主义一样，认知主义也把写作视为迂回的、个性化的、由内在心理活动引导的过程，但是，认知主义更加重视高级思维和解决问题的过程，这些过程包括计划、确定修辞问题、在一个更大的范围内提出问题、解释定义、提出解决方案以及产生令人信服的结论等。根据认知主义的思想，过程教学法重在开发学生内在的心理过程，尤其是写作过程中的认知与元认知策略，其教学包括创造和写前准备、撰写草稿、修改、合作写作、反馈、反馈后的修改和定稿等阶段。认知主义者认为，从本质上讲，写作是学生自己学会的，而不是教会的。因此，教师在写作教学中应该尽量减少对学生的干预，而是要创造、提供一种鼓励、合作的环境，以帮助学生表达他们自己的意思。

无论是表现主义还是认知主义，他们都重视写作的过程，探索和概括了写作思维、写作心理、语言机制等深层结构，建立了独立的写作理论。作者不仅要问自己为什么写，写给谁，还要问自己一些重要的问题，比如怎么写，怎么开始。在课程教学方法中，写作被视为交往过程，发现思想，深化思想，从思想向语言，从内容向形式转变的过程。

写作是一个作者与读者之间的交际过程，其中涉及信息的产生、处理和传递，是一个复杂的感知过程。作者作为写作的主体，他首先要利用个人的社会经历及以往的知识和经验，还要考虑写作的目的，据此做出正确的判断。因此，写作教学不应只注重写作过程中狭义的写作那一部分，还要注意作者因素、写作前准备活动、读者因素和信息反馈。在写作过程中，完成这些交际过程有两个关键因素。一方面要给学生足够的时间去构思；另一方面，要从读者那里得到信息反馈，修改内容，完善形式。

写作是作家发现自己的思想，使这些思想更加明确、准确和深化的过程。为此，作者必须拥有丰富的资料，并进行比较、分析、综合、抽象和总结。这也是将新事物同化到作家现有的认识结构中，或者扩大、改编原来的认识结构以包容新的认识的同化适应过程。写作过程是作者对事物的认识从碎片化到集中，从模糊到清晰，从肤浅到深刻的渐进过程。

写作是从思想到语言的转换过程。作者应该将期待表达的意思转换为语言，视觉符号——字符。不仅要充分利用自己掌握的语法和词汇知识，还要掌握相关的文体知识、修辞方法、母编安排的技巧以及必要的社会文化背景知识。在语言交际中，要考虑可能性、可行性、恰当性和发生性。也就是说，语法要正确是不够的，要考虑生动、体面、有传染性、符合习惯的东西。因此，初稿当然要反复润色和多次修改。除了纠正语法和拼写上的错误外，作者经常需要按顺序重写整篇文章、整段甚至整篇，直到找到最佳的语言表达。

3. 母语与二语或者外语写作

对于母语与二语或者外语写作之间的关系，研究的重点主要集中在两个方面，一是母语与二语或者外语写作之间的关系，二是母语思维与二语或者外语写作之间的关系。

前面已经提到，母语对二语学习的影响一直是二语习得研究的一个热点问题，各派理论从各自的角度出发，得出许多不同甚至相反或矛盾的研究结论。从母语对于二语或者外语写作的影响来看，主要有三种观点。第三，基于"深层共享能力"假设，认为母语和第二语言或外语能力在深度上相互依赖，能力共享。因此，母语对第二语言和外语的积极影响总体上比消极影响大得多，母语写作水平的提高有助于第二语言或外语写作水平的提高。

母语思维是第二语言习得过程中常见的现象，母语思维在第二语言或外语写作中的作用也引起了研究者的注意。用外语写作似乎无法避免中介母语，尤其是在外语学习的初级阶段，很多人认为用母语思考会阻碍外语学习的进步。但是很多研究结果表明，在外语写作过程中，通过母语思维对提高外语写作质量有积极的影响。例如，在写同一篇作文的过程中，母语思维较多的学生比母语思维较少的学生在作文的内容、结构和细节上显示出明显优势。剩下的几个人不做翻译，不仅写外语作文，还认为翻译对外语作文没有帮助。结果，通过翻译的外语写作水平最高。

（三）英语写作教学方法

早期的英语写作教学理论主要来自经典的修辞学研究。直到20世纪60年代，英语写作教学的注意力一直集中在文学作品的理解与分析上面，其目的在于通过这些分析使学生掌握各种文体的特征和写作方法，从而能够模仿并写出自己的作品。这种写作教学方法被称为结果教学法。

结果教学法是我国目前使用最广泛的英语写作教学法，国内许多英语写作教材也是按照这种教学法设计的。结果，教学方法在具体实施上存在很大差异，总的来说，这种教学方法注重语言知识的运用。就段落而言，强调主题文、段落的组织和结构，即通过所谓的模式来扩展段落，一般的模式是事情的发展过程、比较和比较、因果关系、分类、下定义等。

结果教学法一般将写作分为四个部分。

（1）熟悉范文

老师选择了一篇板文进行说明，分析了其修辞选择模式和结构模式，介绍了修辞特征和语言特征。

（2）控制练习

教师范文中反映的一般句式要求学生练习替换，学生在教师的指导下逐渐过渡到段落写作。

（3）地图练习

学生们模仿范文，利用训练过的句型，尝试写类似类型的句子。

（4）自由写作

学生们可以自由发挥，将写作技能成为自己技术的一部分，用于现实的写作。

结果法忽视了写作过程本身的复杂性，学生对写作过程中遇到的困难缺乏理解和认识，学生的整个写作过程在教师的完全控制下进行，没有自由创作的空间，学生只关心分数的高低，写的文章内容空洞，表达枯燥。

四、英语口语教学

（一）英语口语教学综述

随着全球化进程的不断发展，英语成为一种国际语言。在这种背景下，对交际能力的概念也发展起来，成为多元文化能力。因为人们学习英语不是为了满足英国人和美国人的交往，而是要使用英语在更多的其他国家，与更多文化背景的人交流。同时，要更多地参考口语分析和语料库分析研究成果。

总体而言，经过几十年理论与实践的发展，人们对口语教学基本上达成以下共识：口语是英语学习的基础；英语本族语人的用法和非英语本族语人的英语用法都应该在口语教学中得到考虑；课堂教学所使用的材料要以语料库的分析为基础；包括功能大纲在内的交际大纲是主要的教学依据；对于口语错误要有更高的容忍度，但是口语的流利性和准确性都是口语教学的基本目标；口语能力的获得依赖于学习者对于词汇短语和会话模式的掌握；要注意学生文化意识的培养；成对或者分组活动是口语课堂的主要活动形式。

（二）英语口语教学的理论基础

1. 口语表达的心理过程

口语表达在四项技能中属于产出性技能，是一种积极主动地表达思想的心理过程。言语产生包括两个主要的阶段：制订计划和执行计划。说话人首先根据交际的目的制订说什么的计划，然后再执行所制订的计划。但是这两个阶段并不是截然分开的，在口语表达的过程中，说话者往往是先制订计划，然后在执行计划的同时制订新的计划。

（1）制订计划

口语表达是一种目的性很强的活动，说话者总是要为了实现一定的交际目的，例如，获取信息、提出要求、做出指令、保持社会关系等，针对其具体的交际目的，说话者对所要使用的语言手段制订计划。在制订计划的过程中，说话者需要考虑以下因素：

第一，对听话人的了解。说话人需要根据他对听话人的了解以及他与听话人之间的关系确定使用哪一种语体。与关系密切的人讲话和与陌生人讲话所采用的语体具有很大的差异。在谈话的过程中，有时还涉及第三方，怎样称呼第三方，也需要说话人根据他对听话人的了解而确定，例如，可以把第三方称为"your son""that guy"等。

第二，合作的原则。说话人期望听话人相信他们是遵循合作原则的，即会提供足够的信息，所说的话是真实的、与主题相关的，而且表达是清楚的。有意违反某一条准则，就会有别的说话意图。

第三，现实的原则。说话人期望听话人相信他们所谈到的事实、情况和状态都是可以理解并且合乎常理的。例如，"鳄鱼皮鞋"一定是指"用鳄鱼皮做的鞋子"或者"鳄鱼牌的鞋子"，而不是"给鳄鱼穿的鞋子"。现实的原则还可以帮助听话人听辩具有歧义的句子。

第四，社会语境。听话人在不同的语境中以不同的身份出现，说话人会根据听话人身份的不同使用不同的语体。例如，两个人是好朋友，在单位又是上下级关系，那么他们在工作期间谈话所使用的语体往往要比下班后的谈话正式得多。另外，在不同的社会语境中，说话人也会根据环境的不同，例如在家里、在办公室或在学校等，选择不同的语体。

第五，供说话人使用的语言手段。有很多要表达的内容没有现成的说法，这就需要运用各种语言手段和非语言手段等把它们表达出来。另外，不同的交际方式也会影响到语言手段的使用。

制订计划可以在不同的层面上进行。根据语言的结构，计划的制订可以在三个主要层面上进行：语段计划、句子计划和句子成分计划。

①语段计划

说话人必须首先确定他要参加什么样的话语活动，例如讲故事、和别人对话、描述一个事件、争论一个观点等等，不同的语篇具有不同的结构。一个故事需要包括时间、地点、人物、情节等不同的要素。而会话型的语篇需要解决参与会话的人怎样使他们的话语相互配合，以达到交际的目的。会话的过程涉及怎样开始一段会话，怎样进行讲话，怎样结束一段会话。要开始一段会话，讲话人必须首先要引起听话人的注意，并表达要进行会话的意图，从而构成一个召唤—回答序列。在这个序列里，召唤者首先提出会话的题目，例如，要结束一段会话，情况会比较复杂。说话者如果需要描述景物，就要解决以下几个问题：在什么层面上进行描述，例如，可以先说 It's a very beautiful place，然后对具体的景物细节进行描述。包含在一个主题下的内容很多，讲话人还要确定哪些内容应该包括在描述的范围之内。内容确定之后，还要确定描述的次序，是由大到小，还是由小到大，是由左到右，还由右到左，是由远及近，还是由近及远。最后，讲话人还要确定被描述的各个部分是如何发生关系的。

不论是会话型还是独白型的语篇，语篇的结构都包括两种。一种是层次的结构，说话人必须根据说话的意图决定什么时候开始、如何进行、应该重点突出什么、在什么时候结束等。另一类是局部的结构。说话人还必须根据整体的层次结构，对句子进行计划，因为该怎样说往往是根据对方的语言来确定的。

②句子计划

在作句子的计划时，说话人需要考虑三个方面的问题：命题内容、言语行为和主题结构。命题内容。命题是意义单位，反映了说话人要表达的思想，是句子计划的核心。有时一个句子只包含一个命题，例如，He is having lunch. 有时一个句子会包含多个命题，例如，The beautiful lady, killed her cruel husband. 这个句子包含三个命题：a.The lady is beautiful. b.Her husband is cruel、c.The lady killed her husband. 言语行为。在决定了命题之后，讲话者还要考虑这个命题是用来做什么的。"他很胖"是一个命题，但是可以用来实现不同的言语行为，例如：他很胖，（表示判断，描述，提供信息），他很胖吗？（询问，获得信息）告诉你，他很胖啊。（警告），选择言语行为对语言交际来说至关重要，这在很大程度上取决于讲话人要实现的交际目的。同一个言语行为还可以用不同的表达方法来实现。以上述命题为例，如果要询问，向别人获取信息，可以有多种不同的表达方法：他很胖吗？他是不是很胖？请告诉我，他是不是很胖？因此，在作句子的计划时，讲话人需要考虑采用什么言语行为以及用什么样的方式来实现这一言语行为。主题结构。句子的主题结构主要涉及两个方面的问题：一是主语和谓语的问题。主语是陈述的对象，说话人要说的东西，谓语是对主语的陈述、说明主语是什么或者干什么。在语言使用的心理过程中，主语是储存在记忆中的主体，而谓语则是关于这一主体的一个事实。二是已知信息和未知信息的问题。在一般情况下，已知信息在前，未知信息在后。例如，He has gone to Shanghai. 在这个句子中，he 是已知信息，讲话人和听话人都知道该词所指代的对象，而后面的部分为新的信息，是听话人未知的信息。这种情况在独白型的句子中表现的比较明显，而在会话型的语篇中，已知与未知信息的安排会有所改变，例如：A：谁去了上海？ B：老王去了上海。句子成分计划。在对句子的结构进行了计划之后，还要考虑怎样用词来体现这个结构。每一种句子成分的计划都有其独特的问题，限于篇幅，在此不做详细的讨论。

第一章 英语语言学理论概述

（2）执行言语计划

在计划制订之后，语言的产生就进入了执行计划阶段，讲话人会根据前面的计划，通过发音器官发出表示句子和语篇内容的声音。表面看来，执行计划无非就是将言语计划诉诸实施，似乎非常简单。其实不然，言语计划的执行要比我们想象的要复杂得多。因为人们在执行计划前往往不只是把言语计划全部都制定好，另外，计划人还需要根据计划编制一个发音程序，储存在记忆里，让控制发音器官的肌肉按部就班地活动，才能发出预期的声音。

言语的产生涉及人脑怎样指挥发音器官的肌肉去发出有意义的声音。从现有的心理语言学研究成果来看，发音程序在不同的层面上计划和形成。

第一，发音程序的单位可能是语音的区分性特征、音段、音节、单词以及更大的句子成分。

第二，发音程序的几个重要步骤：第一步，选择意思，确定所用句子成分应具备的意义第二步是选择句子的轮廓，规定句子的形式和句子的重音。第三步是选择实际意义并放入句型中。第四步是组成接词和功能词。一旦确定了实义词，就要提出功能词的语音形式，并提出前缀和后缀。第五阶段，音段的具体化，一个音节一个音节地完全实现音段。

第三，语言计划的执行是在一段时间内进行的，所以发音程序不仅要规定音段和音段的顺序，还要规定他们的时间和节奏。英语是节奏感很强的语言，重读的作用非常明显。另外，当人们说得太快时，要决定应该保留什么音段，应该省略什么音段。

第四，最后一步是将发音程序付诸实施。发音程序在编写的同时存储在记忆中。一旦编程完成，大脑就会按照程序向发音机构发出指令，规定发音机构应该放在什么位置，如何协调行动才能发出什么音段。

2.影响说的因素

根据口语产生的心理过程，我们可以看出影响说的因素主要包括心理因素、文化因素、语言因素和背景知识因素四个方面。

（1）心理因素

口语表达是一个非常复杂的心理过程，要想使这一过程顺利高效地完成，需要讲话者处于轻松的、精力集中的心理状况下。紧张、恐惧、焦虑等不良情绪都会影响到口语产生过程的正常进行。

（2）文化因素

语言是交际的工具，同时语言的使用也是一种社会的规约，在不同的文化中，人们在什么时间、什么地点、向什么人、用什么样的方式、讲什么样的话都有固定的规则习惯，外语学习者需要学习并掌握这些规则才能有效地使用语言进行交际。

（3）语言因素

语言是由语音、词汇、短语、句子和语篇构成的，足够的语言知识是口语表达的基础。尤其是要掌握一些常用的习语和句型。每种语言都有一定数量的习语和基本句型，它们往往是一些常用的具有特定意义的句子、短语甚至单词，学习者要对它们熟记，而不必进行语法分析，这样可以在使用的时候张口就来，提高口语的流利程度。

（4）背景知识因素

在听力教学部分我们谈到，学生知识面的宽窄直接影响他们听力理解的能力，学生熟悉的内容听起来会更加容易。同样，背景知识也会影响到学生的口语表达。口语交际要做到言之有物，首先要求学生具备相关的知识。

综上所述，要想具备良好的口语能力，学生除了心理因素和背景知识方面的内容之外，还需要具备几个方面的知识：

①语言结构知识

包括语音、词汇和语法，学生能够使用正确的单词，按照正确的次序排列，并发出正确的读音。

②功能

包括信息的传递与互动，学生能够知道什么时候表达清楚的信息，什么时候不需精确地理解全部信息。

3. 会话结构

口语表达能力主要指参与会话的能力。因此，口语结构分析对口语教学具有重要的指导意义。对会话结构的研究可以从两个方面开始。第一，从整体上看整个会话过程是如何构成的，即会话是如何发展的，这是对对话整体结构的研究。第二，是研究会话的部分结构。一次会话活动由参加者连续发言组成。一个参加者的发言和另一个参加者的发言之间有什么联系，如何构成一致的话，是需要用对话的部分结构来解决的问题。会话结构的研究所涉及很多内容，我们在这里只介绍几个基本概念。

（1）例句列

会话是最基本的语言使用方式，任何会话都需要实现一定的交际功能来言行（如请求、邀请、声明等），在此之前演讲者首先用什么话探询，看对方可以实施什么语言行为。演讲者说的这些话就是例句语列。

（2）插入系列

典型的会话形式之一是一问一答，诗发语一般是疑问句，回应语要根据诗发语表达的语言行为做出反应。但是，在实际会话中，经常会在这个问题和答案之间添加插入词列。

（3）话轮转换

口语的特点是和两个以上的人一起轮流说话，A先说，说完后B接着说。在对话中，每个人都说一次话，叫作话轮。话轮单位的特点如下：第一，可以预测结束位置。第二，在工作场所结束时，可以具体阐明邀请谁继续说话。

选择一个说话者的具体方法包括：第一，提问加称呼语，例如："What happened, Tony？""Tony, tell us what happened."；第二，陈述句尾加称呼语，例如："But, Tony, what you said is not right."；第三，各种证实听到和理解的话语，如"Who？ You did what？""Pardon"；等等。话轮转换的规则可以简要地概述如下：第一，如果A在当时的话轮中选择B，那么A必须停止说话，而B必须接着说；第二，如果A没有选择B，那么会话中A以外的其他参加者都可以自我选择，谁先说话，谁就占据了下一个话轮的机会；第三，如果A没有选择B，也没有其他参加者做自我选择，那么B可以继续说话。

（4）会话的总体结构

会话应有一个总体结构，用于不同目的、不同环境下的会话会呈现出不同模式。例如，打电话时总是以开场白作为开始，然后是一个或者几个话题的对答，最后以交换告别语而收尾。告别语和预示收尾的词语使收尾显得自然协调。

4. 英语口语的语言特点

语言有口语和书面语两种表现形式，口语是语言存在的最基本形式，是第一性的，也是语言最活跃、最富有生命力的表现形式。口语与书面语之

/37/

间具有许多共同之处。

　　口语的特点首先表现在它是有声的，它主要作用于人的听觉系统，依靠语音的变化来表达意义，口语的重音、节奏、语速、语调等都可以表达丰富的意义。一个句子中一般有一个和多个调核。所谓调核就是指一个语调组中说话者所要表达的最重要单词的重读音节，它一般充当句子的信息中心。调核位置的调整是一种常用的有效表达感情意义的手段。

　　（三）现代英语口语教学实践

　　1."互动式"口语教学实践

　　该口语教学实践采用互动式的教学模式，充分利用教材现有资料进行有效的整合，充分考虑到学生的学习兴趣，所设计的内容与学生的日常生活密切相关，侧重培养学生英语口语表达能力，同时结合听、读、写各项技能，充分发挥小组合作的优势，使学生真正成为学习的主体。整个课堂条理清晰，层次分明，教学步骤十分紧凑，具有很强的操作性，课堂评价贯彻始终，自主学习、探究性学习与合作学习相结合，不仅培养了学生主动探究和自主调控学习策略的能力，还有助于使学生获得成就感。

　　2."3P"口语教学实践

　　该口语教学实践采用presentation、practice、production的"3P"教学模式，以学生的多种参与形式为手段。通过听说练习，使学生对课题的表达有所了解，同时在谈论课题的语境中掌握了when、while、after、before等词引导的时间状语从句的用法。此外，该教学实践也十分重视语音语调，采用多种策略达到训练学生纯正的发音、流利的会话的目的。

　　3."任务型"口语教学实践

　　此教学实践活动通过小组合作的形式组织口语练习活动，为学生留出了极大的语言使用空间和自由，在刺激学生表达欲望的同时，还通过互相帮助提高了学习的效率。学生在完成任务、展示讨论成果中获得了满足感和成就感。而话题中的对比主题也提升了学生分析、对比、辩论的能力，提高了学生用英语分析和解决问题的综合能力。

第二章 英语翻译的词汇

所谓词汇学，就是一门研究词汇的学科。词汇是语言的基本要素，人类思维离不开概念，而概念的语言形式主要表现为词汇。由此可见，词汇学对于语言的发展具有重要的作用。因此，下面主要从词汇、构词、新词等方面，对词汇学进行分析探究。

第一节 词汇学概述

一、词汇学的定义

词汇学（lexicology）也被称为一门和词相关的科学（the science of words）。词汇的积累在英语学习过程中占据着重要地位，因此一直是很多专家学者的重点研究对象。研究词汇学的专家杰克逊和艾姆维拉在他们合著的《词、意义和词汇》一书中说："作为语言学的一个分支，词汇学对词汇进行调查研究、描述并予以理论化。"由此看来，词汇学是有关"词汇的学问"，即：有关词汇的系统知识。

说得再深入一点，研究词汇背后的规律性和系统性，以及词汇的结构关系和类别就是"词汇学"这门学科的主要特点。它运用语言学的相关理论，探讨词的意义及语义关系，阐述词汇的发展变化过程，能够了解现代词汇的系统知识，词汇的现状及其历史演变过程，能够对现代词汇发展中出现的各种现象做出分析和解释，从而提高对词语的理解、阐释和综合运用的能力。学好英语词汇学，不但有助于掌握英语词汇学习的方法、途径、手段和策略，还能够帮助我们了解现代词汇的一般规律、分析研究现代英语词汇现象和英语词汇的演变和发展。

词汇的研究范围现在已经变得十分广泛，有的领域已经形成相对独立的学科，例如，相互结合形成交叉学科，包括形态学（morphology）、语义学（semantics 词汇语义学（lexical semantics）、认知语义学（cognitive semantics）、词源学（etymology）、词典学（lexicography），认知词典学（cognitive lexicography）等。这些相互独立的学科和交叉学科正在把词汇学的研究推向一个新的发展高度，对词汇还可以进行历时和共时的比较研究。

就历时比较而言，各历时时期词汇的比较是其重要的组成部分；就共时比较而言，词汇国别变体的比较正越来越引起人们的注意。这些比较研究对提高外语研究水平和教学水平都起着很重要的作用。语料库语言学的发展是现代词汇学研究的有力支撑，语料选择、数据统计、定量分析等学科方法为研究词汇提供新的观察视角和操作手段。

语料库已经逐渐成为词汇研究和教学的一种新途径，它既可以提供快速的检索工具，又可以有效提高我们语言样本的质量。语料库语言学的学习，既可以强化外语学习者的词汇系统知识，使他们全面了解外语词汇的过去和现状，也有助于他们提高理解和分析语言问题的理论水平，使他们在拥有更多真实语言输入的基础上加强综合运用外语的实际能力

二、词汇的特征

词汇的特征有很多，下面我们就其中的几个进行简要的分析。

（一）普遍性与民族性

词汇对现实现象的反映，既有普遍性，又有民族性。所谓普遍性，就是说，客观世界中存在的某种形象会被人们赋予某一个概念，并且所有人都会用这个概念来记录它、反映它。对词汇来说，当所有的语言都用某一个概念来称呼它的时候，就证明了它的普遍性。例如，月亮、太阳等是自然界客观存在的事物，无论是英语、日语，还是法语、意大利语等，都会有相应的词语表达这些概念或现象，这就是它们的普遍性。而所谓民族性，就是与普遍性相对的，每个民族都有自己独特的个性特征，不同民族对同一客观现实存在着不同的认识，表现在语言中，就是词汇的民族性。

比如，汉语用"龙"，英语中用 dragon，这些词的基本义相同。但是，汉语中的"龙"有"封建帝王、卓越的人"等意义；而英语的"dragon"却有"凶暴、严厉的人""佩带龙骑枪的士兵"等意义。在这两种语言中，这个词的基本意义是相同的，但是，根据它们的派生意义，我们又能看出，不

同的民族具有不同的思维特点和文化观念。所以说，词汇的普遍性和民族性是相辅相成的，它们既对立又统一。

（二）任意性与理据性

所谓任意性，就是指各种语言符号的音义之间没有必然的联系，对于同一种事物，不同的语言可能有不同的音义表达。但是在同一种语言中，用什么样的声音代表什么意义是一致的，是由说这种语言的全体成员约定俗成的。例如，汉语把"装订成册的著作"叫［shu］，而英语叫［buk］，这是任意的，不存在什么理据性。但是这只是代表大部分的词语，语言中也有一少部分词语，它们之间的关系却是具有理据性的，是可以论证的。常见的例如一些拟声词、同源词和复合词就是这样的，下面我们通过举例来一一论证。

（1）拟声词指模拟客观对象的声音特征而产生的词，模拟外界声音用来描绘声音形象的词。例如汉语里的"叮咚""喵喵"，英语里的"quack"（鸭叫声）"clink"（金属敲击的声音）"bow-wow"（狗吠声）。

（2）所谓同源词，就是指在读音、意义和来源等方面都有相近或相通的地方。汉语文化博大精深，很多复杂的字都是由一些基本的字加上偏旁部首组成的，不同的偏旁部首往往导致字词产生不同的含义，但是因为含有同样的基本字，它们之间往往具有很多的联系。例如，汉语的"张"，本义是"把弓弦安在箭上"，后来通过延伸发展，又产生了很多与其相关的字，如"涨""胀"等。"涨"的含义是水位上升，常见词语有"水涨船高"等；"胀"本义指体积增大，常见词语有"热胀冷缩"等。这些字都是由"张"延伸出来的，其含义也与"张"的派生义——"施放、拉开、展开、使增大"等有着某种语义上的联系，这些都是可以论证的。

复合词的构成词素一般是两个或两个以上，经过相互组合，构成相应的词语。并不是任意两个词素放到一起都可以构成意义明确的词语的，所以，这样的复合词是可寻找相关的理据的。比如汉语的"雨衣"的意思就是"下雨时穿的衣服"，这是可以通过经过论证的。这种例子在其他语言中也很多，比如英语中"sunflower"（向日葵）就是"朝着太阳开的花"的意思，也是可以论证的。由此可见，词汇的音义关系既有任意性又有理据性。

三、词汇学的分类

（一）根据研究对象划分

根据研究对象的不同，词汇学可分为普通词汇学和个别词汇学，也可以叫作一般词汇学和具体词汇学，两者之间是相互依存、彼此促进的关系。之所以这样说，是因为普通词汇学的形成和发展是建立在个别词汇学的基础上的；而普通词汇学建立之后，又不断指导个别词汇学，使之得到充实和发展。普通词汇学的主要研究内容是世界上所有语言词汇之间的共同规律，因此，它是关于词和词汇的一门研究学科，是普通语言学的重要组成部分。个别词汇学相对于普通词汇学来说，它的研究范围相对集中，主要是某一种具体语言的词和词汇，如专门研究汉语词汇或英语词汇、俄语词汇等。

（二）根据研究范围划分

根据词汇研究范围大小的不同，可以将词汇学分为广义词汇学和狭义词汇学。广义词汇学，包括语义学的内容，还包括词源学和词典学等。狭义词汇学主要研究词和词汇的构成、分类和发展规律等。

（三）根据研究方法划分

根据研究方法的不同，词汇学可分为共时词汇学和历时词汇学，也叫作静态词汇学和历史词汇学。所谓共时词汇学，指的是对某个时期的词汇体系进行静态和描写式研究的一种形式，它强调的是某一个发展阶段。而历时词汇学则与之不同，它的研究是动态的，研究内容主要是词汇的起源和发展的历史过程。共时词汇学和历时词汇学代表的是截然不同的两种研究形式，但是它们之间却相互影响，紧密联系。词汇的静态描写，有助于历时词汇学的研究，而精通词汇的历史发展，有利于对词汇现状的深刻理解。

四、词汇学研究的意义

从小到大的影响程度来看，词汇学研究的意义可以从以下三个角度来论述。

（一）对语言学科的影响

本体研究方面，词汇研究有助于准确掌握词语的含义、结构和用法，有益于语法、修辞等相关语言学科的发展。语法包括词法和句法，词法分析与词义研究密不可分，现代语法也非常注重句法结构形式分析和语义研究的结合。修辞的一个重要目的是使语言表达更准确、生动，以达到预期的表达效果。修辞的运用在很多方面与词汇有关。

现代语法也非常注重句法结构形式分析和语义研究的结合。修辞的一个重要目的是使语言表达更准确、生动，以达到预期的表达效果。修辞的运用在很多方面与词汇相关。例如修辞里"对偶"辞格，要求结构相同或基本相同、字数相等、意义上密切联系的两个词组或句子对称排列，这与词语的词性、词义内容有关。又如"谐音双关"，实际就是同音词的运用。

在语言的应用研究领域，如语言规范、语言教学、语言翻译，词汇都是其中重要的部分。尤其在第二语言教学中，相信很多人都对其深有体会。就拿中国学生学英语来说，我们都知道，掌握一定量的词汇是学好英语的第一步。其实，无论学习哪种语言，大量词汇的掌握是最基础的。对于外语初学者来说，日常交际中掌握一定的词汇量要比掌握正确语法更重要。

（二）对文学创作与鉴赏的影响

文学研究其实就是对现实生活的一种反映，语言是重要的媒介，也是文学艺术创作必不可少的条件。因此，作家只有熟练地驾驭语言，才能够将其想要表达的思想和题材完美地展现出来，才能让读者产生共鸣，从而更加欣赏和喜欢文学作品。而在语言表达中，词汇是最基本也是最不可缺少的材料，从作品中使用的词汇我们就能够看出该作家的语言风格及其想要表达的内容。

（三）对社会文化历史研究的影响

语言是一种符号系统，它是文化的一个重要组成部分，在文化发展中发挥着不可忽视的作用。文化是社会发展变化的积累，而语言又可以直接反映社会的变化，尤其是语言中的词汇能最优先地反映社会的变化历史轨迹，是人们研究历史的重要依据。另外，对词义的研究，也可以反映出人们观念的差异和转变。

第二节 词的语言结构

每一种语言都拥有丰富的词汇，而且，这些词汇不是孤零零地存在，而是彼此之间有着各种各样的联系的。从某种意义上说，语言中的词汇就像世界上的人，每个人虽然都是一个独立的个体，但是身处社会之中，就不免会与社会群体中的其他人群存在着各种联系。比如，每个人都有亲属、朋友、同事、同学等，每个人生活的圈子也不一样，在不同的圈子中，扮演着不同的角色，承担着不同的责任。词汇也一样，一个词可能属于名词，在某个句子中充当主语；从结构上来分析，这个词可能由另外一个词添加一个后缀构成；不一而足。下面我们列举一组词汇，分析它们之间的联系：

move	unmoved	remove
movable	unmoving	removed
moveless	unmovingly	removable
mover	movement	moving

通过分析，我们很容易发现，上面列举的这些词，在发音、结构和意义上都有关联。在发音上，它们都包含 / muːv / 这个音节；在结构上，它们都包含 move 这个词根（比如，movable=move+able，remove=re+move，unmovingly=un+move+ing+ly）；在意义上，它们都与 move 有联系（比如，movable 的意思是 able to be moved from one place or position to another，remove 的意思是 take something away from the place where it was，等等）。有意思的是，对 move 这个词本身，我们无法再切分出更小的有意义的单位，mo 没有意义，mov、ve 或者 ove 也都没有意义。

下面我们再列举一组词汇，共同来分析一下它们之间的关系。

write	writer
sing	singer
dance	dancer
work	worker
compose	composer
teach	teacher

通过前后两组词汇的对比，我们很容易就能看出，后面一组词是在前面这组词的基础上添加词缀 –er 而形成的（本身以 e 结尾的单词则只加 r）。–er 表达的意思是"a person who verbs"。但是，前面这组词汇都是具体的、有意义的词，一旦进行分割就不具备任何意义了，因此，它们无法再切分。

通过上述分析以及得出的结论，我们可以引入语言学中的两个重要术语，分别是词素（morpheme）和词法学（morphology）。词素是语言中最小的有意义的单位，词法学是研究词的内部结构和构词法的学问。词素的特点是不能单独出现在句子中来承载意义，但词素本身是携带意义的，是音和意的统一体，而且不能再被细分。这样一来，writer 这个词就是由两个词素构成的，即 write+er，而 unmovingly 这个词则由四个词素构成，即

un+move+ing+ly。

接下来，我们就要重点讲述"词素"这一概念。其实，在日常交际过程中，普通语言使用者在潜意识里都能感受到词素的存在，有时甚至会运用潜藏的关于词素和构词法的知识来随意构成新词，以制造特殊的交际效果。这就说明，词素其实并不是语言学家为了方便语言的研究和描述而杜撰出来的一个概念，它真实地存在于语言的学习中。词素根据它的使用特性又可以分为两种，分别是自由词素和粘附词素，接下来我们分别对其进行分析探讨。

一、自由词素

所谓自由词素，指的是能够单独构成单词的词素，如 gril、boy、cock、dog，等等。这些词被称为单语素词语。所以，所有的单语素词语都是自由词素。

二、黏附词素

不能单独构成单词，必须粘附于自由词素才能起作用的词汇，就是我们所说的粘附词素。通过粘附词素不同的标准，我们可以将之划分成不同的种类。

（一）根据位置划分

按照位置来划分的话，粘附词素可以有前缀和后缀。通常位于其他词素前面的词就是前缀，比如 un-、anti-、re-、pre-、dis-等等。通常位于其他词素后面的词就是后缀，和前缀是相反的，比如 -er、-tion、-ism、-ish、-able、-ness、-ly 等等。

在英语当中，通常情况下就有前缀和后缀两种，但是在其他语言中，还存在有第三种粘附词素，就是所谓的中缀。嵌入其他词素中间的词素就是所谓的中缀。比如，菲律宾的邦都（Bontoc）就是其中一种语言。通常在这种语言当中把中缀嵌入名词或形容词的第一个辅音之后就能够派生出一个动词，就像"to be the noun / adjective"。下面我们通过一些具体的例子来体会。

NOUNS / ADJECTIVES（名词/形容词）　　　　　　VERBS（动词）
　　　　fikas，"strong"　　　　　　　　　Fumikas，"to be strong"
　　　　Kilad，"red"　　　　　　　　　　Kumilad，"to be red"
　　　　Fusul，"enemy"　　　　　　　　Fumusual，"to be an enemy"
　　　　Pusi，"poor"　　　　　　　　　Pumusi，"to be poor"
　　　　ŋitad，"dark"　　　　　　　　　ŋumitad，"to be dark"

（二）根据功能划分

根据功能划分，粘附词素可以分为屈折词素和派生词素。

1. 屈折词素

屈折词素的添加并不产生新词，只是表达词根的某种特别的语法功能。比如，英语的屈折词素 –s 添加在名词后就构成该名词的复数形式，而添加在动词后就构成该动词第三人称单数情况下的一般现在时形式；另一个屈折词素 –ed 添加在动词后就构成该动词的一般过去时形式；而 –er 和 –est 添加在单音节和部分双音节形容词后就构成该形容词的比较级和最高级等。

英语中的屈折词素一共有八个，分别是添加在名词后的 –'s（possessive）和 –s（plural），添加在动词后的 –s（third person present singular），–ing（present participle），–ed（past tense）和 –en（past participle），以及添加在形容词后的 –est（superlative）和 –er（comparative）。我们发现，英语的这八个屈折词素都是后缀。

2. 派生词素

如果想要构成新的词，可以把派生词素添加于其他的词素或单词之中。可能这个原来的旧词和这个派生出来的新词会分属不同的词性，如将后缀 –ity 添加于形容词后，得到的是名词（如 curious → curiosity，scarce → scarcity）；而将后缀 –ize 添加于形容词后，得到的是动词（如 social → socialize，real → realize）。下面是我们列举的一些这类词汇。

MOUN TO ADJECTIVE（对形容词的修饰）　　VERB TO NOUN（动词到名词）
　　　　Girl+ish　　　　　　　　　　　　　　Move+ment
　　　　Virtu+ous　　　　　　　　　　　　　Communicate+ion
　　　　China+ese　　　　　　　　　　　　　Capitalize+ation
　　　　Picture+esque　　　　　　　　　　　Confer+ence
　　　　Passmn+ate　　　　　　　　　　　　Dance+er
　　　　Care+ful　　　　　　　　　　　　　Confbrm+ist
　　　　Alcohol+ic　　　　　　　　　　　　Project+tion
　　　　Lady+like　　　　　　　　　　　　　Free+dom
ADJECTIVE TO ADVERB（形容词到副词）　　NOUN TO VERB（名词到动词）
　　　　Quick+ly　　　　　　　　　　　　　Moral+ize
　　　　Silent+ly　　　　　　　　　　　　　Vaccine+ate
　　　　Blind+ly　　　　　　　　　　　　　Brand+ish

不过，有些派生词素不会导致派生词词性的改变。很多前缀都属于这一类。例如：

第二章 英语翻译的词汇语言

NOUN TO NOUN（名词到名词）
    Auto+biography
    Ex+husband
    Dis+satisfaction
ADJECTIVE TO ADJECTIVE
    Un+happy
    Ir+regular
    Ab+normal

VERB TO VERB（动词到动词）
    Re+write
    Un+loosen

也有一些后缀属于此类，在派生出新词时保留了词根的词性。例如：

NOUN TO NOUN（名词到名词）
    music → musician
    Australia → Australian
    friend → friendship
    physics → physicist

ADJECTIVE TO ADVERD（形容词到副词）
    high → highish
    old → oldish
    elder → elderly

英语中有些派生词素非常活跃，可以附着于大量单词的前/后构成新词。这种类型的派生词素包含多种类型，这里我们简述其中的五种。

（1）VERB+able="able to be VERB-ed"
    acceptable   changeable
    blamable   breathable
    passable   adaptable

（2）un+ADJECTIVE="not-ADJECTIVE"
    unhappy   unfree
    uncowardly   unsmooth
    unafraid   un-American
    unfit   un-British

（3）VERB+er="one who perfonns an action of VERB-ing"
    lover   examiner
    hunter   teacher
    employer   analyzer

（4）ADJECTIVE+ly="in an ADJECTIVE way"
    luckily   seriously
    sadly   shortly
    fortunately   Slowly badly

（5）ADJECTIVE+ness="the quality of being ADJECTIVE"
    coldness   sadness
    hotness   sharpness
    happiness   foolishness

针对上述屈折词素和派生词素，有两点需要强调。

（1）在讨论派生词素时，我们已经指出，有些派生词素会改变词根的词性，而有些派生词素则保留词根的词性，但是屈折词素则全部保留词根的词性。比如，quick 和 quicker 都是形容词，quicker 里面的 -er 只不过起了

/47/

标示比较级的作用；但是 sing 和 singer 就不一样了，前者是动词，后者是名词，因此 singer 里面的 –er 和 quicker 里面的 –er 有本质的不同，一个是派生词素，一个是屈折词素。

（2）在英语中，如果要给一个词根同时添加派生词素和屈折词素，那么派生词素总是出现在屈折词素之前，比如在 singers 这个词中，派生词素 –er 出现在屈折词素 –s 之前，而不是相反。

第三节 英语构词法

一、复合词

复合词（compound）就是将两个词放在一起构成的新词。在英语、德语中都存在大量复合词，法语和西班牙语则相对少得多。这里我们探讨的主要是英语中的复合词。比如，英语中的 bookshelf、footprint、sunlight、coursebook、dustbin、waterproof 等都是复合词。

有些复合词的意思显而易见，如 bittersweet 的意思是又苦又甜，sleepwalk 的意思是梦游；有些复合词的意思则不那么明显，如 daredevil，指胆大妄为的人；sawbones，乍一看是指锯骨头，实际指的是外科医生。还有一些复合词的意思跟它们的构成成分几乎没有什么关系。

二、合成词

合成词（blend）也是将两个独立的单词合并在一起构成一个新词。与复合词不同的是，合成词通常会将一个单词"去尾"，再将另一个单词"掐头"，所以有一种说法是："Blends are compounds that are 'less than' compounds."

三、缩略词

缩略词（acronym）是指由一个词组中各主要词的第一个或头几个字母缩合而成的新词。英语中有些缩略词一直保持其"缩略性"（alphabetisms），在念的时候要把每一个字母都念出来，如 PPT（powerpoint）、CD（compact disk）、DVD（digital video disk）等。还有一些缩略词表现得更像普通单词，可以整体拼读出来，如 SARS（Severe Acute Respiratory Syndrome）和 AIDS（Acquired Immune Deficiency Syndrome）。下面我们列举了一些常见的缩略词及其完整形式。

NASA	National Aeronautics and Space Administration
UNESCO	United Nations Educational, Scientific, and Cultural Organization
NATO	North Atlantic Treaty Organization
FBI	Federal Bureau of Investigation
BBC	British Broadcasting Corporation
CNN	Cable News Network
ATM	automatic teller machine
Radar	radio detecting and ranging
Laser	light amplification by stimulated emission of radiation
NASA	National Aeronautics and Space Administration
Scuba	self-contained underwater breathing apparatus

四、省略词

从一个多音节词中删去几个音节，由此构成的词被称为省略词（clip）。比如，gas为gasoline的省略，ad为advertisement的省略。省略词在口语中用得比较多，下面我们列举了一些常见的省略词。

gas	gasoline
fax	facsimile
flu	influenza
phone	telephone
plane	aeroplane
pub	public house
bike	bicycle
lab	laboratory
math	mathematics
exam	examination
bus	omnibus
gym	gymnasium

五、外来词

所谓外来词，就是从其他语言中借用一些词语来填补本族语汇中的空白或表达新生的概念。外来词（loan word）在英语中所占比例很大，英语曾从拉丁语、希腊语、法语等借入大量词语。当然，英语也在不断向其他语言出借词语。

有些外来词在出借过程中被数度易手，多次转借，以至于现在很难确知它们最早究竟是哪种语言。比如，tea最早进入英语大约是在17世纪中期，可能源自荷兰语的tee和马来语的teh，而后者又可被追溯到汉语的闽方言；silk一词在古英语中写作seoloc，来自斯拉夫语或者拉丁语，而斯拉夫语或者拉丁语的这一词汇又来自古希腊语seerikos（意思为"silken"），

/49/

seerikos 又可被追溯到古希腊语的另一个词 seres（意思为"people from East Asian countries producing silk"）。

英语除了从其他语言中拿来现成词语为己所用之外，也经常会向其他语言慷慨出借词语。例如，汉语中的"幽默""模特""浪漫"，实际上都来自英语的"humour""model""romance"。

外来词中有一部分不是借用外语词的发音，而是对外语词进行字面直译，这样的外来词被称为直译词（loan translation 或者 caique）。比如，英语的 skyscraper 在法语中被直译为 gratte-ciel（scrape-sky），在德语中被直译为 wolkenkratzer（cloud scraper），在汉语中被直译为"摩天大楼"。甚至汉语的"男朋友"和"女朋友"也很可能是对英语的 boyfriend 和 girlfriend 的直译。

六、逆成词

逆成词（backformation）的构成遵循减法原则，即从一个现有的词（通常是名词）中挪掉看似后缀的部分，得出一个新词（通常是动词）。为什么要强调"看似后缀"呢？因为其实那些被想当然地删去的部分并不是后缀——这倒是进一步证明了普通语言使用者的头脑中的确潜藏着关于词素和构词法的知识，尽管这些知识有时可能是错误的。比如，动词 televise 就是从名词 television 逆构出来的。-ion 是英语中一个常用的派生后缀，添加在某些动词后便可以构成名词，如：revise → revision，subtract → subtraction，等等。于是有些人想当然地以为 television 也是这样从 televise 派生出来的，并据此逆构出 televise 一词。常见的逆成词还有：donation → donate，enthusiasm → enthuse，option → opt，emotion → emote，liaison → liaise。

此外，位于英语名词末的 -er（或者 -or，-ar）也经常被当作动作主体后缀而从名词中去掉。

澳大利亚人和英国人喜欢用逆构方式来构成人或物的名字或昵称。通常分两步走：第一步将一个比较长的名字缩短为一个音节，第二步在该音节后添加 -y 或 -ie。由此炮制出来的昵称包括 moving picture → movie，television → telly，Australia → Aussie，bookmaker → bookie，breakfast-brekky，handkerchief → hankie，等等。

第四节 英语新词的产生

一、新词的定义

某一段时期内或自某一时间点以来首次出现的词，往往是出于对新事物进行描写的需要而出现的词往往就是指"新词"（neologism 或 vogue words），有时候也指词典上还没有收录的词语，例如大多数词典后面增补的词语就是新词。

社会历史的进程通常会和英语的发展融合在一起，英语词汇的扩展通常也会反映出新的历史条件和社会发展要求。我们能够看出来任何一个英语变体的形成，都不断出现很多很多的英语新词，英语词汇发展中一道生动而亮丽的风景线因为新词而构成。

二、英语新词产生的原因

（一）文教体育的发展

各种新词汇不断随着文教体育的发展而出现，主要有以下几个方面的表现：

（1）因为教学方法和教学用具的改革，在教育和语言研究方面出现了一系列新词。

（2）和教育有关的现象带来了一系列新词。

（3）电台和电视娱乐亦是较大的新词供应者。它们都很注重 audience rating（视听率）和开发 hotline（热线），注意节目类型的多元化，比如 call in（听众通过电话与主持人通话的节目）、talk show（脱口秀）、sitcom（情景喜剧\soap opera（肥皂剧）、prime time（黄金时间）、instant replay（即时重播）、VTR（磁带录像机）、VCR（盒式录像机）等都是人所共知的用语。

（4）多姿多彩的新体育运动也丰富了英语的词汇。如 yoga（瑜伽）、tae kwon do（跆拳道\skateboarding（滑板运动）、sand yacht（沙滩艇）等。

（二）新型文化的出现

1. 人口的变化和发展为人口统计学提供了不断更新的数据和新名词

例如，美国人给一代代年轻人贴上了不同的标签，渐渐成为人们心中的时代代表名词。包括20世纪60年代的hippies（嬉皮士）、70年代的yippies（易比士）和80年代的yuppies（雅皮士）；而以前的baby boomers（1947年至1961年出生的一代人）到如今成了YAPS（或Yappies，即：Youthful、Active，Pre-Seniors），甚至grand boomers。

2. 社会流行文化语促进了新词的产生

随着社会的进步和网络的迅速发展，不知不觉我们的生活中就多了很多的流行性新词，并且广泛地被人们应用。例如，近些年来流行用一些缩略词来表达一种特定的含义，如PK、CEO、WC等。对于"WC"大家已经很熟悉了，其实，在地道的英语中，对卫生间的正确表述应该是"toilet"或"the rest room"。但是现在很多人都会将卫生间简化为"WC"，大家也都明白其含义，随之也流行起来，很多不会说英语的人也知道它的意思了。

3. 随着音乐制作方法的不断更新和改进，音乐领域也有很多新词语

随着时代的演进，electrophonic music（电子音乐）成为音乐家们制作音乐的一种重要方式，其中非常具有代表性的Metal Music（金属音乐）就可以分为很多种类，有节奏和速度较慢的Doom（毁灭金属），也有以夸张的舞台表演方式或浓妆艳抹的外在形象吸引乐迷的Glam Metal（华丽金属）。其他还有Industrial Metal（工业金属），Neo-Classical（新古典金属）、Pop Metal（流行金属）、Progressive Metal（前卫金属）、Speed Metal（速度金属）等。

（三）科学技术的进步

现代科学和技术的进步是英语新词发展的最主要原因。为了描写新的发明和发现，各行各业的新词不断产生，比如已经发现的black hole（黑洞）、neutrino（中微子）、nanometer（纳米）、quark（夸克）、quasar（类星体），已经发明的radar（雷达）、laser（激光）、hovercraft（气垫船）、bullet train（高速火车）、containership（集装箱船）等。这种新词的产生总是伴随着所在领域的发展，很多已经走出那个专业领域而为大众所接受和使用。

21世纪，电子技术和信息技术的迅速发展，为很多新领域的开拓提供了技术支持，人们结合计算机信息产业发展了生物信息学、心理学、军事、物理学等领域，开始了新的探索和追求。

（四）电脑网络的革新

1.电脑技术的迅猛发展带来很多的新词语

电脑从 desktop 台式）发展到 lap top（便携式），又发展到 palmtop（掌上）。电脑技术的迅猛发展带来的新词比比皆是，如 computer system（计算机系统）、hardware（硬件）、software（软件）、Mouse（鼠标）、monitor（监视器）、keyboard（键盘）、CPU（Central Processing Unit，中央处理器）等。此外，hardware 和 software 还衍生出诸如 courseware（课件）、groupware（群组软件）、freeware（免费软件），shareware（共享软件）等相关新词。

2.Internet 的蓬勃发展促使很多新词语相继出现

Internet（互联网）的蓬勃发展早已让 WWW（World Wide Web，万维网）、Web page（网页）、Website（或 Website，网站）、Web browser（万维网浏览器）、Web phone（网络电话）、Webserver（万维网服务器）等广为流行。越来越多的家庭有了 broadband access（宽带接入）、broadband networks（宽带网）或 Intranet（内联网），网上聊天的工具也越来越多。网络给人们的生活带来了很大的便利。但是同时，网络也存在一定的威胁，例如病毒、黑客等都在影响人们的上网环境。

3.Blog 的迅速发展对新词汇的出现也产生了很大的影响

网民不仅仅被动地享用他人提供的信息，也可以把自己的信息供他人分享。Blog（网络日志）的迅速发展使得人们传递的信息带来越来越重大的影响。博客又分不同的类型，比如 warblog（战争博客）、journal blog 和 diary blog（日记博客）、news blog（新闻博客）、pundit blog（专家博客）、tech biog（技术博客），group blog（群体博客）、videoblog（视频博客）、fotolog（图片博客）等。

4.podcast 的发展为英语增添了很多新词

在这个网络迅速发展的时代，一种新事物的兴起和传播是非常快速的。例如，Blog 刚刚兴起，就有很多网民已经拥有了 podcast podium（播客宝典），开始用起了 podcast（播客）。随着这种文化的广泛传播，应用人数越来越多，"podcast"一词甚至在当时被选入《新牛津美国词典》。这种现象在如今是有过之而无不及，很多新鲜词语越来越频繁地出现在大众视野中，很多词语也都逐渐被归为可正式使用的行列。

第三章 英语翻译的语言语法

第一节 英语语法和语法单位

语法就是指组词造句的规则,是一门将合适的词放进适当地方的艺术,语法细分的话有两大板块:词法和句法。词法主要是讲各类词的形态和变化的,句法是指句子的种类以及类型,句子成分以及遣词造句的规律的。能在组合的某一位置上被替换下来的片段就是语法的单位。不同结构层面上的语法结构单位包括语素、词、词组、和句子。

用词造句的规则就是所谓的语法。我们说话写文章都需要去遵守一定规则,不然就会让对方产生不必要的误会或者误解。许多语法书上一般情况下认为表现语法意义的就是语法形式,而语法意义就是由语法形式表现的意义。但是如果如此定义,就少不了会坠入循环定义的泥潭,很难让人理解。许多语言学家在关于语法形式和语法意义中都从不同的角度给出自己理解。

潜存于大脑是作为母语的语法规则的特点,通过说话一般就能够表现出来,但是一般人却很难说明白规则具体是怎样的。把人们心知其意而难以言状的规则整理出来,以便人们自觉地运用,这就是语法分析的主要做的。归纳、整理客观存在的规则,选择恰当的方式进行描写就是语法学家需要做的任务,对于语法规则,语法学家是没有权利做出硬性的规定的。

在《普通语言学》上有:"任何语言的成分都是语音和语义的结合""任何起着语法作用的语言成分都是语法成分,语法成分是语法意义和语法形式的结合体或统一体。"这里没有十分清晰的定义界定,但是语法形式是语法成分的语音方面,语法意义是语法成分的意义方面,这是从他的说明中可以看出来的;语法形式就是指语法意义,也可以说语法形式就是表示语法意义的。虽然通过高名凯的定义，会更容易认识语法形式和语法意义，但是它很大的问题也不容忽视：受传统的语法形式的观念影响太深，语法形式被局限于"语法的声音"部分，因此容易忽视了没有特定的语音标志的情形。只讲词的语法形式是传统的语法形式的特点，但是词的语法形式乃是词形变化。客观来讲，语法形式就是指语法意义的表现形式，换句话说就是语法意义的外部标志。语法意义一般是相对词汇意义来说的，是语言中一定的结构关系或者语法成分所反映出来的意义。

在《语法形式和语法意义》中有："语法形式的普遍意义应该是：'表达一定的语法意义的语言形式为语法形式。'""区别语法意义和非语法意义的准则不在意义本身而在这一意义的表达方式。如果是通过语法形式来表达的，那就称为语法意义。"胡明扬是通过语法形式跟语法意义的相互联系上下定义以拓展思路，没有提到语法成分概念。但是多多少少胡的定义也有问题：他是以二者结合成为一个整体为前提给语法形式和语法意义下的定义，而不是把组合当成前提。二者互为前提就会产生循环论证。想要知道一个就需要先知道另一个，一定程度上来讲太过牵强了。

语法形式在自然语言中可以直观地概括为三种情形：

（1）词形变化形式，也就是通过词的形态变化来运载语法意义的语法形式，不仅有词尾变化，零形式，词根或词干变换，还有构词词缀的增减，重叠，词或词的构成部分重叠以及声调等等；

（2）辅助词形式，也就是通过辅助性的词来帮助表示语法形式的形式；

（3）词，词组组合形式。一般是指通过词，词组的组合去表示语法意义的形式。

不仅如此，语调和语气词加语调对句子意义也容易造成影响，也可以说是语法形式的一种。除了这个，语言形式在自然语言中还能够通过有无特定的语音标志来分成两个情形：其一是有特定语音标志的，意思是指表示语法意义的语法形式包含特定的语音标志。就像英语中的 speaks、treats 能够表示第三人称，单数，现在时，未完成时的语法意义的语法形式有特定的语音标志 -s；其二是没有特定语音标志的，也就是说表示语法意义的突发形式不包含特定的语音标志。就像现代汉语词组"笑得很美"，是一个表示动补关系的语法形式，特定的语音标志是没有的。需要在不同的角度来掌握语法形式的整体，这样才能够不会忽略掉对象的某种特征。把语法的本质属性二一组合当成语法形式的前提，在非编码的角度，也就是说在语法形式当成表达语法意义的形式或者包含语法意义的形式的角度，将语法形式定义为：词、词组组合时采取的形式。与此同时语法意义就是指语法形式表示的意义。

语法单位（或结构体）在组合和聚合中由一定语法形式所表现出来的语法意义就是语法意义，一般叫它为结构意义或功能意义。可以从三个平面分析语法意义：

（1）表层意义，也就是成分和成分之间的意义关系。句法结构一般情况下都包含一定的结构成分构成而且表示一定的意义，就像定语和中心语搭配在一起的话，就包含修饰和被修饰的意义等。

（2）深层意义，也就是词语之间内在的关系意义。通俗讲就是语法的语义平面的意义。就像副词和动词发生关系时有程度，范围，时间，否定等的意义。

（3）语用意义，也就是词语或结构体在使用中所代表的关系意义。

只是语法的语用平面的意义。比如评论的意义，主题的意义，句子的"行为类型"意义等。他还将词汇意义和语法意义在本质上的不同进行了细致区别，词汇意义的表现形式就是语音或文字，而语法形式是语法意义的表现形式，只能在结构中，在词与词的结合中才能获得这种意义。至于语法形式，是语法意义的表现形式，也可以说是表示语法意义的方式和手段。相对汉语而言，大概包含以下几种：层次分合形式，次序排列形式，虚词添加形式，语音节律形式，结构中的词类形式，还有词的分布形式，另外词的形态变化也是语法形式。

一、语法规则

想要理解一句话，需要去把一句话切分成许许多多有明确界限的片段，也就是切分出来的是一段语言符号，是音义结合的，但是实际上切分是一种非常复杂的替换过程，能不能替换还需要看被替换下来的那个片段可不可以以相同的意义在别的地方重复使用。

语法单位就是能够被替换的语言片段，通常有语素、词、短语、句子。能在相同的位置上被替换下来的语法单位，一般都会聚合成群。替换的作用就是通过替换，不仅能够找出语法单位，还能够找到语法单位活动的位置。

语法的组合规则就是语法单位一个接着一个组合起来的规则。都必须遵循一定的组合规则进行语素连成词，词组成短语，短语组成句子等。语法结构的构成规则实际上就是组合规则，它属于一类类成分的组合。语法的聚合规则就是可以从线性的某个位置看相互是能不能替换出现的关系。实际上聚合规则是语法成分的归类的规则。组合规则和聚合规则共同构成了一种语言的语法规则。结构语法学提出来了这种分法。

语言是语法意义和语法形式的统一体，二者是紧密联系的，语言学界一般都承认这个。就如索绪尔所说，就像一张白纸的正反面。不过语法形式还与语法意义相对。

对于形态丰富的语言来说，就像俄语的名词，形容词，动词，它们的语法属性和在句中的语法功能通常都含有不同的语法形态。语法的形式之一就是语法形态。语法的意义就是形态所表示的语法属性和功能。汉语的词和其功能也包含自己的语法形式，不过大多数是隐形的，外部形式被更多表现。不过如果摒弃"凡是语言就必定会有形态变化"这样的成见，通过朴素的眼光看待汉语，实事求是地认知到汉语根本不需要这样的形态变化，也就无所谓"缺乏"了。汉语语法的总特点现在可以这样来理解：有多种多样的表现语法意义的语法形式，严格意义的形态变化不会被汉语语法依赖，而多数情况下是通过语序虚词、重叠等其他语法手段来表现语法关系和语法意义。如此说的话就是真正摆脱了印欧语语法理论的约束。语法意义就是说语法标志、语法结构、语法成分、语法位置以及语法变化所带来的语义上的概括和互相的区别以及对立。总的来说语法意义还得在形式上进行验证。从根本上来说它是区别于有些人所说的"意合法"，他们的观点是说不需要在形式方面考虑。早年朱德熙先生深受结构注意语法理论的影响，偏重于形式的分析，后来他的思想有了很大很大的变化，对语法形式和语法意义的关系在三个方面有了重大的突破：首先是提出了"语法形式和语法意义对应关系说"，从他的观点来看："语法研究的最终目的就是弄清楚语法形式和语法意义之间的对应关系"；其次就是提出"语法形式和语法意义相结合起来"，"真正的结合是要使形式和意义互相渗透"；最后是提出了"语法形式和语法意义互为验证说"，他的观点觉得："讲形式的时候能够得到语义方面的验证，讲意义的时候能够得到形式方面的验证。"

随着三个平面理论的不断完善，后来人们更加深入全面地认识了语法形式和语法意义的关系，语法意义就是说语法单位（或结构体）由一定的语法形式表示的内部结构意义和外部功能意义，而语法意义的表现形式就是语法法则，也就是说表示语法意义的方式或手段。没有无语法形式的语法意义，也没有无语法意义的语法形式，通常语法意义和语法形式紧密相连，是对立的统一。因为语法有三个平面，所以语法意义和语法形式也能够通过三个平面来分析。三个平面各有各的形式和意义：语法形式包括句法、语义和语用的形式。一种语法形式可以被多种语法意义来表示，一种语法意义也能够被多种语法形式来表示，语法意义方面的共同性在不同的语言里较多，不同的语言因为同样的语法意义而用不同的语法形式来表示。研究二者的对应关系不是孤立研究一种语法意义和一种语法形式的对应关系，而是需要放在同一平面当中来研究形式和意义的对应，特别是同一语法意义所对应的不同的语法形式。

组合规则和聚合规则是谁也离不开谁的：①每个语法成分都处于既可以跟别的成分替换（聚合），也能够和别的成分连接（组合）的关系之中；②聚合规则一般都是潜在的，储存于人们的脑子中；组合规则一般是现实的，在话语中存在。说话的时候，组合规则会提出要求，聚合规则会提供可能。这种分析法比较符合汉语的实际。

二、语法单位

语法规则是从具体的语法单位之间的相互关系中归纳出来的。语法单位就是能在组合的某一位置上被替换下来的片段。语法单位一般包括四级：语素、词、短语和句子。算上句组（句群、语段或篇章）的话就有五级。

（一）语素

最小的音义结合的语言单位就是语素。作为语素大多具有意义。在汉语中，很多情况下一个汉字就是一个语素，但是也存在这种情况，两个或两个以上的汉字代表一个语素。

构成词是语素的主要用途。可以根据语素在词中的不同作用把语素分为词根、词缀、词尾这三类。

①词根：属于词的核心部分，词根主要是体现出来词的意义。

②词缀：属于只能粘附在词根上构成新词的语素，自己是不可以单独

构词的。前缀是粘附在词根前面的词缀。后缀是粘附在词根后面的词缀。中缀是插入词根中间的词缀。因为前缀、中缀、后缀都是附在词根之上的，所以又能够被称为前加成分、中加成分、后加成分，他们的主要作用就是来构成新的词语。

③词尾：通常是指放在词的末尾，只可与改变一个词的形式，而不可以构成新词的语素。就像英语单词的数、时、体、态的变化，不管如何变化，都只不过改变了词的形式，而没有构成新词。一个词除了词尾，就是词干。有些词干能够独自出现，而有些是需要有词尾才能单独出现的。可以通过语素在词中的不同作用，将词根和词缀称作构词语素，词尾当作变词语素。多次根、少词缀，无词尾是汉语的特点。

（二）词

能独立使用的最小的有意义的语言单位就是词了。语素构成了词。说能独立使用就是在说词可以自由地在语句的某个位置上替换出现。按照意义和作用的不同来区分的话，词可以有实词和虚词两个大类。在传统的语法学中把词当成界，将语法分为词法和句法两大板块。

（三）短语

词是能独立使用的且有意义的语言单位，通常是通过词组合构成的。短语不能是跨段的，而是要属于句子的一个分段。

（四）句子

由若干个词或短语按照一定的规则组合而成的，能表达相对完整的意义，前后有较大的停顿并带有一定的语气和句调的语言单位，这样的单位就是句子。要想区别句子和短语的本质，就是要判断是不是能独立说出来然后用在交际中。

（五）句组

由多个句子组合而成，表达相互关联的比较复杂的意义，书面上表现为一组句子、一个段落或一篇文章的语言单位，这就是句组。他们都具备的特点就是包含许多个独立的句子。意义不太复杂但联系紧密一点而且句子少一些的就是句群；语段是句子多一些、意义更复杂但联系松散些；更大的语言片断就是篇章。

语法学界一直关心的一个问题就是形式和意义间的关系怎么样理解、

如何处理。传统语法主要看重意义，结构主义主要偏向形式。通过词类区分问题等几次重大的讨论，我国语言学界大多数觉得语法研究不但需要讲形式、讲意义，还要将把这两个结合起来。例如在1953～1955年间讨论的词类问题，否定了单凭意义标准来划分词类，而在1955～1956年间，深入讨论的主语宾语，认可了形式和意义相结合的原则。语法结构属于语法意义和语法形式的统一体，语法学唯一研究的对象就是它。所以语法研究的重点就应该是各种语法意义和语法形式及其结合体、结合方式的研究。虽然这对于怎样贯彻形式和意义相结合的原则等问题上，仍存在一些不同的看法，但是在方法上还是前进了一步。众多语法研究者从五十年代以来在坚持形式和意义相结合的原则下，探索了汉语语法体系，成就获得了很多。研究语法时是从形式出发，还是从意义出发来贯彻语法形式和意义相结合的原则，语言学界的意见不尽相同。

第二节 英语组合规则

一、语素组合成词的规则

单纯词就是由一个语素构成的词；合成词就是由两个以上的语素构成的词。

（一）按照语素和语素之间的组合关系

1. 陈述式复合词

也就是前后两个语素分别表示被陈述的事物和对这个事物陈述的。

2. 偏正式复合词

也就是前一个语素表示性质状态或方式程度等，后一个语素表示被修饰的动作或事物等意义；

3. 支配式合成词

也就是前后两个语素分别表示动作行为和动作行为所涉及的事物。

4. 并列式复合词

也就是前后两个语素分别表示相关、相近或相反的事物、性质或动作。

汉语还有一类叫补充式复合词。

第三章 英语翻译的语言语法

（二）附加构词就是词根语素加上词缀语素构成一个新词

附加式合成词就是这样得到的合成词，也就是派生词，在形态丰富的语言中存在大量派生词，是词的主要构造类型。通过词缀在词中的位置，派生词包含三个小类：a 前缀式派生词；h 后缀式派生词；c 中缀式派生词。

本身没有太实在的词汇意义是词缀语素的特点，但是又都能表示某种抽象的构词意义，通常前缀在构词中通常只改变词的抽象意义，词的同类不变，后缀不仅改变词的抽象意义，词的词类也改变了。

二、词组合的五种基本类型

因为差不多都是各种语言都有的词类，且由于构成成分差不多都是实词，所以绝大部分的语言都包含下列五种基本类型。

①两个成分之间具有被说明和说明关系的短语就是主谓短语，被说明成分是主语，说明成分是谓语。

②动宾短语也称为述宾短语。也就是两个成分之间具有动作和所支配事物的关系的短语，述语是动作成分，宾语是被支配成分。对于很多语言来说都是 SVO 语言，如汉语、英语；而德语、日语则是 SOV 语言，且宾语有一定的标记。

③两个成分之间具有修饰限制和被修饰限制关系的短语就是偏正短语。偏正短语包含两类：其一是中心语是体词，修饰语是定语，也称为定中偏正短语。其二是中心语是谓词，修饰语是状语，叫作状中偏正短语。

④动补短语又叫述补短语。也就是两个成分之间具有动作行为和补充说明关系的短语，动作成分是述语，补充成分是补语，补语表示动作行为的结果、趋向、状态和程度等。其他语言很少有汉语的这种动补短语，考虑到其他语言的情况，可以把动补短语改称补充短语。

⑤两个成分之间具有并列的或互不从属关系的短语就是联合短语，通常都需要连接词连接，而且意义基本不变且前后两个词可以互换位置。

三、语法结构的意义和形式

语法是和词的构成、变化和词构成短语和句子的规则相关的。

语法管的形式只不过是体现出了语法意义的那些形式，语法管的意义也只不过是语法形式所体现的意义。

（一）语法意义

语法意义是语法单位在组合中所产生的意义，与词汇意义相对而言，是词进入组合之后由语法结构所赋予的意义。

（二）语法形式

语法形式相对于语法意义而言，是表达语法意义的外部标志，也就是说，语法意义在语言中的外部表现就是语法形式。

语法形式和语法意义二者是相互依存、不可分割的。语法研究的重要任务就是发现语法形式和语法意义之间的对应关系。各种语言的语法形式和语法意义有不同的情况，彼此有错综的表现。

四、语法手段

人类的语言各种各样，语法形式也就多种多样。我们一般根据某些语法形式的共同特点，把语法形式归并为几个基本类别。这种语法形式的类就叫作语法手段。

语法手段是根据表达语法意义的同一性质的语法形式所概括出来的类别。常见的语法手段主要有选词、词序、虚词、词形变化。

（一）选词

通过选择句法结构中可以组合的词类或短语的类来表示一定语法意义的形式。语言中各种结构都是词或短语按照一定的语法关系构成的。选词从词对结构要求上说是看什么类的词能进入某个位置，相同词类或短语的组合能构成相同结构，不同词类成分的组合又可能构成不同的结构。

（二）词序

通过句法结构中词语的位置顺序来表示一定语法意义的形式。各种语言都利用词序的形式，但词序的作用有所不同。如果词和词的关系主要靠形态变化来表示，词序所起的作用就小；如果缺少形态变化，词序所起的作用就大。汉语常常利用词序表示语法关系。在以词序为主的语言中词序的安排也有区别。

第四章 英语翻译的功能语言应用

第一节 系统功能语言学理论与应用研究

系统功能语言学是当今世界上最具影响力的语言学派之一。了解系统功能语言学有助于我们更加深刻地理解功能语言学，下面将对系统功能语言学的基本理论和应用研究进行总结分析。

一、系统功能理论

系统功能理论的形成与发展是学者们不断摸索、总结、完善的结果。下面我们就通过韩礼德（M.A.K.Halliday）不同时期的学术活动来了解系统功能理论的建立与发展过程。

（一）阶与范畴语法

韩礼德的学术活动最初主要集中于汉语研究，20世纪60年代，他开始将自己的研究重点转向了英语，试图建立普通语言学的描写模式。

韩礼德的研究成果主要体现为《语法理论范畴》的发表。在文章中，他对语法描写中的"范畴"和"阶"进行了全面、成熟的论述，从而影响了语言学的研究。这篇文章被公认为"阶与范畴语法"的发端。

1. 语言（学）层次

20世纪50年代末，乔姆斯基（Chomsky）提出了"转换生成语法"，认为人们可以使用语言规则衍生出合乎语法的句子。

转换生成语法是对前人语言描写的补充，因此本身不带有理论性。韩礼德在美国讲学的过程中，向美国语言学界阐述了伦敦学派的观点，解释了语言在语法层面的工作机制，并论述了语法和词汇之间的关系。伦敦学派认为语言事实的描述应该基于对语言不同层次的说明上。语言层次不同，其描写过程也不尽相同。伦敦学派将语言分为三个层次。

（1）实体层

这个层次主要指的是带有书面性或声音性的语言材料。

（2）形式层

这个层次主要借助词汇和语法将实体组织成有意义的事件。

（3）语境层

这个层次指的是形式和语言情景中非语篇特征的关系。

2. 范畴

韩礼德对"范畴"这一概念进行了重新整合，他认为，语言具有四个范畴，分别为"单位""类""结构"和"系统"。

语言通过上述四个范畴来具体说明语法形式，带有高度的抽象性。四个语言范畴并没有先后和主次关系，四者相互联系，密切配合。

（1）"单位"主要是用来说明语言中具有语法模式的语段。在具体的语言活动中，这些语段能够表现出意义的规律性。

语段有着大小之分，但是需要注意的是，语段的大小并不是根据时间长短或者数字的多少进行划分的，而是根据一定的形式划分。基于此，韩礼德将英语分为了"句""小句""词组／短语""词"和"词素"五个单位。

单位带有模式性。在语言活动中，这种模式性表现为直线性和重复性。

（2）"类"这种范畴是基于上一层级单位结构的活动情况决定的，说明的是一种聚合。

（3）"结构"在语法中主要用来说明连续情况下事件之间的相似性的范畴。在连续的情况下，事件之间会呈现出组合关系，结构指的就是组合关系模式的最高抽象。需要引起注意的是，表面上结构是由文字呈线性形式组成的，但组成成分之间的形式关系是"顺序"而不是"序列"。结构是在成分位置上进行的有序排列，是一定单位的结构形式，或每一个单位表现为一套有各种组合可能的结构。

（4）"系统"范畴的目的是说明在一系列类似项目中为何出现这个项目而不是另一个项目。

3. 阶

上述四个范畴之间的关系以及它们与材料之间的关系涉及三个显著区别的"阶",分别是"级"(rank)、"说明"(exponence)和"精密度"(delicacy)。

(1)级的含义是"包括",相当于等级体系的概念,具体是指沿着单一的方向由高层次向低层次的单位移动。

级中具体包含多少单位因具体语言而异,但不能只有一个单位,不过理论上可以只有两个单位。

(2)有时从范畴到语言材料可通过其他范畴来实现,也就是说一个范畴可由其他范畴说明。例如,属于单位范畴的词组可由结构范畴"冠词+形容词+名词"说明。

(3)精密度阶用于表示范畴的区别及详细程度。精密度阶是一个连续体,一端是结构和类范畴中的基本等级,另一端是对该等级不能再做更细化区分的语法关系,也就是从选择的最一般的系统进入最具体的系统。精密度阶可看作组织词汇语法的一般原则,或者更确切地说是词汇语法中分配信息的原则。

(二)系统理论

1966年,韩礼德在《"深层"语法札记》中提出了语义的深层应当是可以进行语义选择的系统的观点,即深层语法应当是系统语法。

在叶尔姆斯列夫的理论体系中,"系统"也指聚合的概念,其定义为"相关关系的等级体系"。可见,系统是对集合轴上的关系的表述,是在一定环境下可以对比的特征集。对系统中的功能进行解释时要将其置于整个格局中,如在一个三项时态系统中,"过去"要与"现在"和"将来"对比。

如果按照这种方式表示聚合关系,那么语言项的整个语法描写应包含结构和系统两个部分。其中,系统描写仅是语言项目的一种表达形式,只能补充但不能代替结构描写。

1. 第一次修正后的系统理论

韩礼德在伦敦学派系统理论的基础上认为,采用"精密度阶"理论可以使特征部分有序化。

如果一对系统中的一个系统的特征出现在另一个系统中,那么这两个系统就是等级的；如果两个系统呈等级次序，那么这些系统的特征也应有序。

例如，"陈述式/疑问式"系统和"直陈式/祈使式"系统存在等级关系，如果要在"陈述式/疑问式"系统中选择，首先要在"直陈式/祈使式"系统中选择。一定环境中的任何系统集都有可能构成一个系统网络，其中的一个系统必然会与另一个或几个平行关系系统形成等级关系。

系统网络的出现为不同的特征提供了相应的聚合环境，规定出了对比特征以及结合的可能性。从这个意义上说，系统描写和结构描写相互补充，其中系统描写较为关注聚合关系，而结构描写则较为关注组合关系。

2. 第二次修正后的系统理论

在第一次修正的基础上，韩礼德进一步提出了系统描写是否可能成为表述的底层形式问题，也就是结构描写是否能从系统描写中衍生。如果可以，那么结构就具备可预见性。

将一个语言项目的系统描写作为该项目的底层语言表达，也就表示这一项目与其他项目的聚合关系有更为基本的特征，从中可以衍生出其内部（组合）结构。这样的底层语法就是以系统特征表示的"语义上显著"的语法，它可为诸多语言项目的"相关性"提供一个聚合环境，并在其他对比环境中作用。这样，系统的起始点就不再是结构，而是系统特征集合体的体现。这是韩礼德对系统理论的第二次修正。

3. 第三次修正后的系统理论

韩礼德对系统理论的第三次修正主要是考虑K深层语法或系统语法在音系层的问题，尤其是语调和韵律问题。他指出，音系层也能体现出一定的语法特征。

在组合关系中，这种特征指的是组合体上不同的结构成分。在不同的语言环境中，同一特征会出现不同的表现形式。例如，在有些环境中同一特征由结构形式体现出来，但是在其他环境中则可能由语调特征体现出来。

从这个意义上说，某一语调形式在不同的环境中可以体现出不同的特征。这也就说明，在结构环境中语调带有不可预示性。但是，如果将语调作为系统特征的体现形式，那么系统语法就具备可预示性。

(三) 功能理论

韩礼德的功能理论主要有以下几个研究角度：

1. 系统与功能

韩礼德对功能描写理论的研究是为了探索系统网络中包含的系统以及不同系统的起始点。在最初的研究中，韩礼德是通过系统语法对语言的组合关系与聚合关系进行说明的。因此，功能描写理论中首先需要阐明语法单位，也就是需要对小句的具体功能进行描写。

韩礼德认为，完整的小句应该包括及物性、语气和主位三个系统。及物性系统与小句中表示的过程类型有关，过程又涉及参与者、强性和环境。

2. 功能与用途

韩礼德最初的功能描写理论存在一定的不足之处，那就是及物性、语气和主位等系统都是功能的概念。

基于对上述观点的修正，1970年韩礼德在其发表的《语言结构与语言功能》一文中，从语言本质的角度出发，对语言结构和语法功能的关系进行了深层次的阐述。他认为，语言的本质和语言的功能有密切关系。功能在语言中反映出了其概念功能、人际功能和语篇功能。这三项功能都属于元功能的范畴，是语义层的重要组成部分。

韩礼德的这个观点将功能理论与语义学紧密联系，从而实现了功能理论的重大突破。

韩礼德指出，语言的元功能应该根据语言的不同用途进行细分，从而形成不同的语义系统。例如，概念功能包括及物性系统、语态系统和归一度系统，人际功能包括语气系统、情态系统和语调系统，语篇功能包括主位系统、信息系统和衔接系统。

二、系统语法

系统语法主要是对语言不同层次的规定，指出了如何根据语境在不同项目中选择有意义的项目。这里主要对系统语法的基本概念、体现、系统与功能几个方面展开分析。

（一）系统的几个基本概念

1. 系统与网络系统

语言带有系统性和多元性，包含着众多子系统。例如，人称系统便有着多种构成形式。

根据不同的语言环境，交际时的人称需要关注具体的"言语角色"和

"数"。可以说,"言语角色"和"数"便是人称系统的子系统。在不同的子系统中又有着不同的分支。例如,"言语角色"可以分为"第一人称""第二人称"和"第三人称"三个子系统。"数"可以分为单数和复数。不同的子系统相互连接便构成了具体的系统网络。

2. 选择

上文中也提到,不同的系统包括不同的子系统。因此,在语言交际中,人们可以对两个或两个以上的语言项目或语言特征展开选择。人们可以从时态系统选择"过去时"或"非过去时",也可从"非过去时"子系统中选择"将来时"和"现在时"。

在选择的过程中,人们习惯选择二分法进行划分。选择二分法并不是硬性规定,因为在实际选择过程中,被选择项目不一定局限于两个。

3. 从属关系

选择的成功与否和被选择项在逻辑上的特征有关,成功的选择就表示各项目逻辑共同特征。无论选择哪一种,都具备"时态"的特征,所以"过去时""现在时""将来时"与"时态"之间构成了从属关系(dependency)。如果项目之间不具备从属关系,是不能列入系统网络中的。

"复数"不能与"过去时"和"将来时"特征并列,因为"复数"没有"时态"的特征,两者不存在从属关系。

4. 意义与意义潜势

人类的语言表达带有一定的意义性。为了明确地表达出这个意义,人们会在系统网络中进行有目的的语言选择。也就是说,人们对语言项目的选择体现出人们已经选定了所要表达的语义。从这个意义出发,选择也就是意义的表达。

当交际者选择了"陈述"项,其语言就要表达陈述语气的语义;当交际者选择"疑问"项时,其语言就要带有一定的疑问含义。可以供人们选择的语言项目作为整体都是潜在的可供选择的语义,而这就是"语义潜势"(meaning potential)。

(二)体现

"体现"这一术语最初是由兰姆(Lamb)在层次语法中提出的。韩礼德借用了"体现"这一术语,用来说明语言不同层次之间的关系以及不同层次内部不同范畴之间的关系。在系统语法中，体现关系常用斜箭头表示，一般是体现在左，体现关系在右。

语言带有层次性，至少应该包含语义层、词汇语法层和音系层三个层次。语言的三个层次之间带有体现关系，也就是对"意义"（语义层）的选择体现于"形式"（词汇语法层）的选择，对"形式"的选择体现于对"实体"（音系层）的选择。

各层次内部之间的关系，具体内容如下：

（1）在词汇层中，有必要对实义词 boy 和功能词 the 的关系进行区分。

（2）在语法层中，既涉及词素、词、词组、小句等"单位"和"类"的关系，又涉及它们之间的阶级关系。

（3）在音系层中，涉及元音与辅音的组合与区别。

（三）系统与功能

1. 系统与功能

在系统语法中，系统网络主要包含三个元功能，即概念功能、人际功能和语篇功能。

在具体的元功能项目下又包含着不同的子系统，这些子系统最终以功能特征的形式出现。

各功能项之间的关系一般以"三"为核心，其他功能成分分布在周围。在网络系统中经过多重选择，就出现了"动作者过程目标"（主动语态）或"目标过程动作者"（被动语态）的配列。

"主位"的语义是说话人做表述时的"出发点"，所以一定会在句子的其他成分（述位）之前出现，这就形成了"主位述位"结构。

2. 最小括弧法

为了充分说明语义功能成分与语法结构的关系，系统语法在进行成分分析时常采用最小括弧法（minimum bracketing），也就是按照词组进行切分。

但采用最小括弧法，也就是不断地进行切分直至不能切分，就不容易说明不同层次在层面之间的体现关系。

三、功能语法

韩礼德在 20 世纪 50 年代创立了系统功能语法。这个语法系统综合了系统语法与功能语法。系统功能语言学认为语言是人类社会活动的产物，是人类进行交际的重要工具,承担着不同的语言功能。下面我们对语言的三个功能进行分析综述。

（一）概念功能

韩礼德主张,语言的概念功能包括经验功能（experiential function）和逻辑功能（logical function）,下面分别对经验功能和逻辑功能的表现形式进行总结。

1. 经验功能的表现形式

经验功能指的是人类利用语言对现实世界中不同经历的表达。一般来说,经验功能主要是通过"及物性"（transitivity）和"语态"（voice）得到体现的。

（1）及物性

及物性主要是从语义角度进行研究的,指的是将人们在现实世界中的言语行为进行拆分,分为不同的"过程"。这种拆分是通过语言对经验进行的范畴化,并且指出了不同过程中的"参与者"及"环境成分"等。

根据及物性系统可将经验分为以下六种过程:

①物质过程（material process）

物质过程指的是某件事的过程,这个过程一般是通过动态动词表示"动作者",一般由名词或代词来表示"动作者"（Actor）和动作的"目标"（Goal）。例如:

My brother built all these.

Actor Process Goal

当一个物质过程既有动作者又有目标,所有的小句既可以是主动语态,也可以是被动语态。例如:

He broke the window.

Actor Process Goal

The window was broken by him.

Goal Process Actor

②心理过程（mental process）

心理过程指的是"感觉""反应"和"认知"等的心理活动过程。这个过程主要由"感知者"（Percipient）和"现象"（Phenomenon）参加。

感知者是心理活动的主体，现象则为被感知的客体。例如：

He saw the North Star.
Percipient Process Phenomenon

I know they don't care.
Percipient Process Phenomenon

心理过程的现象既可以指具体的人或物，也可以指抽象的东西或发生的事件。例如：

She liked the bike.

We noticed a discrepancy.

I heard a quarrel going on next door.

He saw a man standing under the tree.

③关系过程（relational process）

关系过程主要反映的是事物处于何种关系的过程，可以分为"归属"类与"识别"类。

④行为过程（behavioral process）

行为过程指的是诸如呼吸、叹息、苦笑等生理活动过程，其一般只有一个参与者，即"行为者"（Behaver），行为者通常是人。例如：

She laughed heartily.
Behaver Process Circumstantial

He sighed for the day of his youth.
Behaver Process Circumstantial

⑤言语过程（verbal process）

言语过程就是通过讲话交流信息的过程。在言语过程中，"讲话者"一定是人。例如：

I said that you should keep quiet.

My watch says it's nine o'clock.

⑥存在过程（existential process）

存在过程是表示某物存在的过程。存在过程最常采用的动词是 be，而且一定有一个"存在物"（Existent）。例如：

There is a pen on the desk.

Dose life exist on Mars?

On the wall there hangs a picture.

（2）语态

在功能语法中，如果说及物性是以交代各种过程及与其有关的参与者和环境成分来反映语言的概念功能，那么语态就是以交代某过程首先与哪一个参与者建立联系。

韩礼德将语态分为"中动"和"非中动"两大类，其中非中动语态又可以进一步分为主动和被动两种形式。

①中动语态

当某个过程本身只与一个参与者有关，不涉及其他参与者时，则说明这个过程中的小句处于中动语态。例如：

The glass broken.

The bady stood up.

②非中动语态

当某个过程与两个或两个以上的参与者有关，表现这个过程的小句就处于非中动语态，其具体包含主动语态和被动语态两种类型。

主动语态是指小句中的过程首先与动作者发生联系。例如：

The cat broke the glass.

主动句一般都有一个及物动词或者有一个相当于及物动词的短语动词。例如：

Everybody likes the film.

He put forward this suggestion at the meeting.

被动语态指的是小句中过程与目标的关系。在被动句中，主体体现的是目标，一般由名词词组充当，过程则通常由助动词 be+ 及物动词 +-en 分词形式构成，动作者一般由 by 引导。被动语态还可以由 get+ 及物动词的 -en 分词形式来表示。例如：

She got cought in the rian.

2. 逻辑功能的表现形式

所谓逻辑功能，是指语言所具备的反映两个或两个以上语言单位之间逻辑语义关系的功能。韩礼德从相互依存（interdependency）和逻辑语义关系（logical—semantic relation）两个方面来研究和分析了逻辑功能。

（1）相互依存

韩礼德指出，相互依存是指任何两个不同语言单位之间的各种依赖关系。相互依存具体分为两种：并列关系和主从关系。

并列是指两个或两个以上的语言单位同等重要。并列关系既可以出现在词复合体中，也可以出现在小句复合体中。

主从是指两个或两个以上的语言单位在逻辑和语义上处于不同的地位，其中的一个单位要比其余单位重要，其他单位要依附于这个单位。主从关系同并列关系一样，既可以出现在词复合体中，也可以出现在小句复合体中。

（2）逻辑语义关系

韩礼德将语言单位之间的逻辑语义关系大致分为两类：扩展和投射。

①扩展

扩展是指一个词或一个小句在语义上对另一个词或小句进行扩充。扩充的形式有三种，分别是详述、延伸和增强。

详述是指变换说法来表示已经表述的语义，两种说法在内容上是相同的。延伸是指在原来的语义上增添新的内容。增强是指通过交代时间、地点、因果等环境因素来对小句语义加以说明。

②投射

投射指的是由一个小句引出另一个小句的现象。其中，被投射的小句可以是某人说的话，即"话语"，话语可以是直接引语，也可以是间接引语。此外，被投射的小句还可以是某人的想法，即"注意"，注意可以是直接引语，也可以是间接引语。

（二）人际功能

语言不仅具有表达讲话者亲身经历和内心活动的功能，还具有表达讲话者身份、地位、动机以及对事物的判断等功能，这一功能就是"人际功能"。人际功能包含语气、情态和语调三个语义系统。

1. 语气成分

英语中的陈述和提问通常都是由某种特殊的语法变化来表达的，这种变化只发生在小句的一部分上，其他部分不受影响。

语气具体包含两个部分：一是主语（subject），可由名词性词组充当，也可由具有名词特性的词、词组甚至小句充当；二是限定成分（finite element），属于动词词组的一部分。限定成分指的是表达时态（如 is，has）或情态（如 must，can）的助动词。英语中的限定成分常需要与词汇动词相合并（如 loves）。

主语与限定成分密切联系，语气成分是在小句中实现语气的成分。信息的语法范畴是"直陈"语气，用于表达提问的是"疑问"和"特殊"疑问。

小句的其余部分称为"剩余部分"，包括三种功能成分：谓语（predicator）、补语（complement）和附加语或状附加语（adjunct），每一个小句中都包含一个谓语、一个或两个补语、多个附加语。谓语出现在所有非省略整句中，包括除限定成分之外的整个动词。谓语具有四种功能：规定说话时间以外的时间参考点，即由过去、现在、将来三种主要时态派生出来的各种次要时态；规定其他体或相；规定语态（主动或被动）；规定主语经历的过程（行为、事件、心理活动、关系）。补语在英语小句中不是主语，但有可能充当主语的成分，通常由名词词组来实现。补语不仅包括任何不做主语的名词词组，还包括不能作主语的成分。附加语是句中不能作主语的成分，其通常由副词词组或介词短语来实现。

2. 情态

情态是对命题和提议做出判断或评价的一个系统。广义的情态也包括意态。

情态可以从主观与客观两个角度来表达，韩礼德将其称为"取向"（orientation），明确的主观取向和客观取向都是由小句来表达的。

3. 语调

在人际功能中，语调也是重要的表达方式。一般来说，语调的语义特征是由音系层的声调（tone）进行表达的，也就是"升降曲线"。

声调的基本单位是"调群"（lone group）。调群包含一个或几个"音步"（foot），音步则包括一个或几个"音节"（syllable）。

在语法中，与调群最接近的是小句，通常一个小句是一个调群，但并不是每个小句都是一个调群。调群中总有一部分十分突出，突出部分就是"声调重音"（tonic）。声调重音总会落在一个重读音节上，这个音节称为"声调语音音节"（tonic syllable），其在调群的声调中起主要作用。

调群又包含单调群和双调群两种形式。韩礼德又将单调群中的语调分为五种形式：调1（降调）、调2（高升调）、调3（低升调或平调）、调4（降升调）、调5（升降调）；将双调群分为"主调"和"次调"两种类型。

（三）语篇功能

语言的功能最终是通过有意义的表达进行展现的。语篇就是有意义表述的集合体。语篇从属于语义的范畴，语篇功能具体指的是将语言成分组织成为语篇的功能。一般来说，语篇功能主要是通过主位结构、信息结构和衔接三种方式实现的。

1. 主位结构

韩礼德依据主位结构本身的复杂程度，将其分为了单项主位（simple theme）、复项主位（multiple theme）和句项主位（clausal theme）三种。

句项主位通常只包含概念成分，是指其本质上也是单项主位。

单项主位是指那些只包含概念成分而不包含人际成分和语篇成分的主位。其主要有两种表现形式，一种是名词词组、副词词组或介词段词语，第二种是使用小句充当主位，这样的主位也称为"句项主位"。

复项主位一般是由多种语义成分构成的主位类型，具体包括表示概念意义的成分、语篇意义的成分以及人际意义的成分。如果一个主位中同时出现这三种成分，那么它们的排列顺序是语篇成分先于人际成分，人际成分先于概念成分。

研究主位结构并不仅仅是了解每个孤立的小句包含什么主位结构，而是要知道整个语篇的主位是如何一步步向前推进的，也就是了解主位推进模式。具体而言，主位推进模式包含以下四种类型：

第一类是放射型，也就是几个句子主位相同，但述位不同。

第二类是聚合型，也就是几个句子的主位不同，但述位一致。

第三种是阶梯型，也就是后一个句子的主位是前一个句子的述位。

第四种是交叉型，也就是前一个句子的主位和述位与后一个句子的主位和述位相互交叉。

2. 信息结构

信息结构指的是将语言组织成为"信息单位"（infomation）的结构。

在信息交流中，信息单位是最基本的单位。而所谓信息交流，就是言语活动中已知信息与新信息之间的相互作用。可以说，信息结构就是已知信息与新信息相互作用而构成的信息单位的结构。

信息单位的基本构成形式是：（已知信息）+新信息。从这个式子中可以看出，在每个信息单位中，新信息是必须要存在的，没有新信息的单位是不完整的，也是不能成立的，而已知信息则是可以取舍的。

3. 衔接

衔接是一个语义概念，是指语篇中语言成分之间的语义联系。当语篇中的一个成分依赖于另一个成分的解释时，衔接关系便产生了。

韩礼德将衔接分为语法衔接（grammatical cohesion）和词汇衔接（lexical cohesion）两种形式。其中，语法衔接又包含照应、省略、替代和连接。词汇衔接包含重复、同义/反义、上下义/局部整体关系和搭配。

四、系统功能语言学在句法学领域中的应用

（一）研究的背景和理论框架

自从 1957 年乔姆斯基发表《句法结构》以来，一直有语法学者在研究英语中如 "John is easy to please" 和 "John is eager to please" 这种类型的语法结构。按照结构主义的直接成分分析法分析，下面例［1］和例［2］的语法结构完全一样。如果采用这样的分析法，就不可能发现两者在本质上的差别。但对于以英语为母语的民族来说，这两个句子所表达的意义是完全不同的。前一句说的是"约翰很容易被讨好"（即"让约翰高兴是件容易的事"），而后一句的意思是"约翰急于讨好别人"（即"约翰急于使别人高兴"）。

［1］John is easy to please.

［2］John is eager to please.

20 世纪 50 年代中期，乔姆斯基提出并发展了他的语法理论，其中著名的例子就是例［1］和例［2］这对句子，用来说明结构主义研究存在的问题。通过这样的例句，乔姆斯基说明了这对句子的表层结构相同，但深层结构却不一样。一般的解释是，在例［1］中，"John"是"please"的"深层次宾语"；但在例［2］中，"John"是"please"的"深层次主语"，因此，可以用例［3a］、［3b］和［3c］来解释例［1］，而不能用同样的方式来解释例［2］。

［3a］To please John is easy.

［3b］It is easy to please John.

[3c] John is easy to be pleased.

系统功能语法的一个重要核心思想是语言是有层次的、是多层次的，各个层次之间的关系是体现关系。另外，根据韩礼德的观点，我们可以把语言功能归纳为三个具有概括性的元功能，即概念功能、人际功能和语篇功能。这三个功能能够同时表现在一个小句中。因此，我们可以从概念功能、人际功能和语篇功能的角度对一个小句进行功能分析。在该文中，黄国文将以上两个系统功能语法的核心思想作为理论基础和理论指导来进行以下讨论。

（二）系统功能语法对句法的分析

黄国文在《英语"John is easy／cager to please"的系统功能语法分析》这篇文章中对系统功能语法分析做了两点说明：一是系统功能语法虽然包括了韩礼德、福塞特和马丁等人的有关论述，但并没有严格区分他们的不同点；二是系统功能语法分析与语义和意义分析紧密联系在一起，语法分析离不开语义分析。

1. 形式与意义的关系

根据语言是多层次的这一观点，我们应该明确，例[1]和例[2]所体现的是不同的意义，虽然它们从形式上看是一样的，都是"nominal group+verbal group+adjectival group+infinitive clause"的格式，但它们的语义不同，它们是不同语义的形式体现，它们在形式上的相同并不意味着它们具有相同或相似的深层意义。从意义（语义层）在形式（词汇语法层）上的体现方面看，例[1]和例[2]所表达的是完全不同类型的意义。

在例[1]中，"John"是过程"please"的对象，因此我们也可以这样说：[3a] To please John is easy. 或 [3b] It is easy to please John. 或 [3c] John is easy to be pleased.

与例[1]相反，例[2]中的"John"是过程"please"的发出者，因此我们不能说成是"To please John is eager""It is eager to please John"或"John is eager to be pleased"。我们可以使用"John's eagerness to please"，但不能使用"John's easiness to please"，因为"eager／eagerness"能够说明"John"的心理状态，而"easy／easiness"则不能说明其心理状态。

从上述分析可以看出，例[1]和例[2]是不同意义的形式体现，它们表面看起来相似，但在语义层面上是没有可比性的。从语言是多层次的这一观点看，相似或相同的表层结构常常是不同意义的体现。例如，"Mary liked John"和"John please Mary"都是"名词（词组）+动词（词组）+名词（词组）"的形式，语法结构都是"主语+谓语+宾（补）语"，但"John"无论是充当宾语还是主语，它都是表示"被喜欢"的对象（它也可以是无生命的东西，如"the film"）；而"Mary"无论是充当主语还是宾语，它表示的都是"有感觉、喜欢（别人）"的那个人（它不能是无生命的东西）。相反，无论是"George loved Jane"还是"Jane was loved by George"，它们表示的都是"乔治爱简/简被乔治爱"。因此，能够确定句子意义的关键因素是语义，而不是表面的语法结构组合。

2. 功能句法分析

黄国文将以上两个小句的功能句法分析和语义分析有机地联系起来，从而得出以下结论：功能句法分析与语义分析（如概念功能分析）紧密相连，因为功能句法分析遵循三个原则。

①以功能为导向的原则（the Function-Oriented Principle）。

②多功能性原则（the Multi-Functionality Principle）。

③以意义为导向的原则（the Meaning-Oriented Principle）。

这些原则是根据系统功能语法的有关假定提出的，因为从本质上讲，系统功能语法注重的是"功能"（Function）而不是"形式"（Form），是"语义"（Semantics）而不是"句法"（Syntax）。语言具有多功能性，形式是为意义服务的。

3. 语篇功能分析

从语篇功能的角度看，主要从主位结构（Thematic Structure）和信息结构（Informalion Structure）两个方面进行讨论。

乔姆斯基的形式语法与韩礼德的系统功能语法有诸多不同之处，但在句法与语义的关系方面有一些相同点。就"John is easy to please"和"John is eager to please"而言，形式语法讨论的是深层结构与表层结构的关系和不同，而系统功能语法讨论的是语义和句法的关系和不同。系统功能语法以意义和语义为重点，认为形式与意义的关系是体现和被体现的关系，形式是为意义服务的。这是系统功能语法与形式语法的一个区别。

第二节 系统功能语言学与英语翻译理论

在功能语言学理论的影响下，世界的语言教学发生了巨大变化。自从功能语言学引入我国以来，功能语言学理论便与英语教学实践紧密结合，为我国的英语教学研究带来了科学的理论指导，取得了丰硕成果。功能语言学理论在英语教学中得到广泛应用，其语域和语境概念对英语教学产生了很大影响。在功能语言学理论的影响下，人们更多地强调语言与社会需要相结合，关注语言的交际功能。下面从语言学、系统语言学与语境三个层面入手，探讨功能语言学在英语教学领域的应用和研究。

一、语言学与英语教学

（一）基本语言学观点

以人文主义思想为基础，韩礼德的语言学观点和思想归纳起来包括以下几个方面：

1. 语言的符号性

古希腊时期的斯多葛学派（the Stoics）从符号个体的角度研究符号，将语言符号看作独立个体，注重研究个体的符号自身所具有的特点、性质和功能。瑞士语言学家索绪尔对符号学的研究也没有脱离符号个体的范围，他重点强调研究符号聚合关系的重要性，将研究重点放在个体符号特征方面。

语言是一个符号系统，应该用符号学的观点来解释语言。他强调语言符号的系统特征，提出"语言是一种符号系统，是意义潜势，是整个文化系统的一个组成部分"的观点。语言是一个特殊的符号系统，具有表达其他符号系统的能力，可以说是把各种意义系统综合起来的工具，是人们认识世界和改造世界的手段。

2. 语言的普遍性与特殊性

韩礼德强调正确理解语言的普遍特征（language universals）与语言的特殊性关系的重要性，认为对语言功能的区分和对语言的逻辑部分的循环性结构的分析具有普遍性。他更加关注语言的变异性，从方言和语域两个角度进行研究。

（1）方言的差异与讲话主体的地域、社会地位、从事的工作、性别、年龄等差异有关。这些由不同的因素形成的方言变体会在个人身上同时体现出来，称为"个体方言（idiolect）"。方言的语言特点主要表现为形式特征，即词汇语法和音系特征，而不是意义特征。

（2）由讲话者所从事的活动、谈论的领域、所处的不同场合、话语的不同媒介所形成的语言变体为语域。从讲话者所从事活动的领域来讲，语域有技术性和非技术性之分；从媒介的角度讲，语域有口头和书面之分；从场合上讲，语域有正式和非正式之分；从讲话者的角度讲，语域有委婉的和直爽的之分。

简言之，方言的区别主要是形式上的，是用不同的方式讲同样的事；而语域的区别则主要是意义上的，是用不同的方式讲不同的事。

3. 语言的系统性

索绪尔把抽象的"语言"看作语言系统，与实际说出的话语"言语"相对。他所提出的语言系统的概念为韩礼德的系统语言学思想奠定了基础。语言学是由几组不同层次的对立组合组成，包括内部语言学和外部语言学，在内部语言学内是共时语言学和历时语言学，在共时语言学内包括语言和言语，在语言内包括组合关系和聚合关系。

在系统功能学派中，"系统"指的是语言的"聚合关系"，是个意义潜势，是一种可进行语义选择的系统网络。从有关系统中选择结果是语言的结构。

4. 语言的层次性

语言的层次性是语言区别于其他符号系统的根本属性，是语言的基本特征。语言是一个多层次的系统。在功能语言学形成初期，韩礼德将语言分为三个主层次和两个中介层次。

语言层次观可以使人们从语言的外部了解语言本质。语义层是语言系统对语境，即行为层和社会符号层的体现。那么，语义层就是一个语言连接更高层面的符号学的接面层。而语音文字是体现音系层和字系层的层面，所以与语言的实体联系起来。

5. 语言的功能性

"功能"一词在功能语言学研究中有两方面的重要意义。一方面是语言所完成的交际任务，另一方面是语言单位在语言结构中的功能。

第四章 英语翻译的功能语言应用

就前者而言，由于我们可以用语言来完成无数的具体交际任务，所以其功能的数量是无限的。韩礼德在研究儿童语言发展时，提出了儿童语言的七个功能。

（1）工具功能，指的是儿童用语言满足其物质需要，获得物品和服务的功能。

（2）控制功能，指的是儿童用语言控制他人行为的功能。

（3）交流功能，指的是儿童用语言与周围的人进行交流的功能。

（4）个体功能，指的是儿童用语言表达自己的感情、兴趣、厌恶等的功能。

（5）启发功能，指的是儿童用语言探索周围的世界、认识世界的功能。

（6）想象功能，指的是儿童用语言创造自己的世界和环境的功能。

（7）告知功能，指的是儿童用语言向他人提供信息的功能。

儿童语言经过不断发展逐渐向完整的成人语言过渡。成人语言的特点是多功能性，即它要同时完成多项功能。韩礼德把这些功能称为"纯理功能"或"元功能"（meta functions），并归纳为以下三个抽象的功能。

（1）概念功能（ideational），表示语言用于表达主客观世界中的过程、事物、现象等（经验功能）以及并列、从属、线形循环等逻辑关系（逻辑功能）。

（2）人际功能（interpersonal），表示语言对人与人之间关系的表达，如角色关系、亲疏关系、交际者的态度、对事物出现频率的判断和估价等。

（3）谋篇功能（textual），是讲话者把概念功能和人际功能组织成语篇的功能。

6. 情景语境

功能语言学关于语境的思想可以追溯到20世纪初英国人类学家马林诺夫斯基所创立的理论。弗斯将马林诺夫斯基的理论概括化和泛化，创立了自己的语境理论。

如果将语言系统作为整体考虑，必须从外部来确定对语义系统进行区别的标准。因此，语义便是语言形式和社会语境或者情景的交叉。由此，韩礼德发展了马林诺夫斯基和弗斯关于语境的思想，完善了他们提出的情景语境（context of situation）理论。在功能语言学发展初期，韩礼德提出语境是主题（thesis）、直接语境（immediate situation）和更广阔的语境（wider situation)这三个类别的汇合。其中,主题是说话的中心内容,是所讲的事本身;直接语境是讲话者与听话者之间的关系;更广阔的语境是讲话者的历史背景,包括社会、地域和时代等。

后来,韩礼德又把语境进一步概括化,提出了一个包括三个变项的概念框架,即话语范围(field of discourse)、话语方式(node of discourse)和话语基调(tenor of discourse)。

(1)话语范围指实际发生的事件,包括谈话的题材,也包括外界的经历和内心的心理经历。

(2)话语方式指交际的媒介和渠道,包括修辞方式(rhetorical node)等。

(3)话语基调指交际者之间关系,包括社会角色关系和交流角色关系。

7. 语类

韩礼德注重语法在语篇分析中的作用,对语类的研究相对较少。但是,他明确地在情景语境框架中将语类称为"修辞方式",把它划归为话语方式的一部分。格雷戈瑞则在情景语境的三个变项之下又增加了一个变项,称为"功能基调"(functional tenor)。后来,哈桑和马丁(Martin)对它做了进一步研究和发展。

(二)语言学的基本语言教学思想

早在1964年,韩礼德、麦金托什(McIntosh)和斯特雷文斯就出版了著作 The Linguistic Sciences and Language Teaching,把语言科学看作发现和描写语言运作的手段,对语言教学进行了专门探讨,强调了语域、语境在语言教学中的重要地位。他们认为,语言活动有听、说、读、写四种基本形式。语言事件的两种基本物质材料是声波和可见的记号。但物质只是语言活动的一个方面,此外还有结构和环境。因此,他们认为语言科学存在于物质(substance)、形式(form)和语境(context)三个层面。物质是语言的材料,包括听觉物质和视觉物质;形式指的是内部结构;语境指的是语言和其他情景特征的联系。

1. 教与学的区别

韩礼德、麦金托什和斯特雷文斯还区别了教与学,他们认为学语言的方法与教语言的方法是不同的。语言学习是"学会在陌生的文化情景下有效而且可接受的语言行为"。语言学的作用在于教语言,对语言学习不是十分重要。教师的一个主要功能就是提供有助于语言学习的条件。克里斯蒂（Christie）和昂斯沃斯（Unsworth）指出，韩礼德的基于语言的学习理论认为语言是学习的主要资源，对形式和内容、形式和功能不做明显的区分，内容（即意义）触发形式（即词汇语法）。

随着语言学理论的发展，语言学与语言教学的关系逐渐得到了人们的关注。功能语言学的教学理念始终贯穿着语境和语域的思想。韩礼德等人意识到专门用途语言教学的重要性，从语言使用的实际出发，把语言教学与语域紧密联系起来，认为教学内容的选择需要根据出现频率、可教性、课堂需要等原则。他们还将语言教学分为以下几种类型：

（1）规定主义教学，规定了最佳的语言表达形式。

（2）描写主义教学，让学生有机会获得语言知识或者探讨和理解语言的使用。

（3）能产性教学，要求学生大量使用语言资源，让学生根据用途正确使用语言。

2. 母语教学和外语教学的特点

韩礼德等人论述了母语教学和外语教学的特点。

（1）母语教学必须与"我们生活中使用的语言"联系起来。母语教学主要的目标是让每个人了解母语的运作机制，学会有效地使用语言，更好地欣赏文学作品，更好地学习英语。

（2）外语教学可以分为两种类型：一类是用外语教授外语，另一类是通过教授语言知识来教外语。外语教学的目标之一便是让学生掌握在各种不同情景中使用听、说、读、写四项基本语言技能。

3. 语言教学的特征

在韩礼德、麦金托什和斯特雷文斯看来，语言教学必须具备以下特征：

（1）学习者必须亲身体验所使用的语言。

（2）学习者必须拥有独立使用语言的机会。

通过教授语言知识来教外语的教学方式是无效的，因为这样就使培养学习者外语能力的技能课变成了知识课。在外语教学的初级阶段，教授语言知识对于学习者掌握语言技能是没有什么帮助的，反而会起到妨碍作用。他们也批评传统的语法翻译法，认为语法翻译法大量依赖外语的形式描写，依赖翻译练习。在语法练习中，语法翻译法使用缺乏语境的孤立句子，关注形式的对等，而忽视语境的对等，不注意语域，无法判断语言使用的适宜性。此外，他们也注意到了多媒体在外语教学中的积极作用，认为语言实验室和视听技术能使语言教学更有趣、更成功。

4. 关注语境的作用

韩礼德在1978年首届澳大利亚应用语言学学会会议的发言中赞同了"专门用途语言"的概念，认为单词的学习不是靠死记硬背，而是通过在现实语境中听和使用学会的。因此，学习者需要学会识别语境的方法以及语境中可能交流的意义。此外，韩礼德还关注到了第二语言学习过程中语言学习的社会语境、需要消除的文化距离和所要面对的语言问题这三种因素。

（三）语言学在英语教学中的作用

韩礼德等人对语言学与语言教学的关系进行了探讨。他们认为，语言学与语言教学没有直接的联系，但语言学理论可以帮助人们更加深刻地理解语言，对语言的描述更加精确、一致和有力。

1. 语言学的应用

语言学理论可以用来描述语言。这种描述既与语言的内部模式相关，又与其外部语境模式相关。然而用语言学理论来描述语言还不能说是对语言学的应用，只能说是对语言学理论的运用。应用语言学是指进行语言描述或者运用已有的描述来具体地达到其他的、语言科学以外的目的。

应用语言学不是对某个学科或是语言的研究，而是一个研究角度和方面，也就是把一个研究领域的理论和方法应用到另一个不同的研究领域中去。因此，严格地讲，应用语言学是一个主题（theme），是在研究和业务实践中的一系列相互关联的活动，每一个这样的活动都涉及与语言的结合。语言学可以应用于外语教学并不是说它可以使外语学习变得很容易，事实上，外语学习是一项很难且很复杂的活动。我们要用新的语言模式来代替从儿童时期就学到的母语语言模式是很难的，而且这种外语模式与自己母语的模式在许多层次上都是不同的，需要仔细认真地观察、思考和控制。

2. 语言描述的作用

外语教学中出现的问题通常被认为是教学的条件达不到标准，这种认识有一定的合理性，但并不是问题的根源，因为在教学条件很好的西方国家，外语教学的效果也不尽如人意。从现代语言学的角度讲，以传统语法为基础的外语教学中的问题和错误主要存在于研究语言的方法和对语言的描述。传统语言学理论中存在的问题和错误可以总结为以下七点：

（1）范畴不明确。

（2）多重标准。

（3）虚构规则。

（4）虚构概念。

（5）价值判断不规范。

（6）语音不准确。

（7）媒介混乱。

任何对语言学的描述都不可能达到完美的程度。成年人学习外语的缺点是他们的母语的语言模式已经固化，所以学习外语受到母语的干扰很大。但他们的概括能力和认知能力强的特点可以弥补他们的缺点。但如果对语言的描述是错误的，那么他们的优点就可能发挥不出来，甚至会产生负效应。由此可见，语言描述的正确性和精确性是十分重要的。

在20世纪60年代，语言学家对语言描述的批评是它们太复杂，这是因为它们所赖以存在的理论基础太简单。语言学理论和语言描述的关系是语言学理论越简单，其所产生的语言描述就越复杂；反之，语言学理论越复杂，其所产生的语言描述就越简单。从历史的角度讲，语言学理论存在的问题很多，而且经历了一个长期的发展过程，其中包括以下几个主要的问题。

（1）语言学理论主要以形式为基准：语言学理论的范畴是以形式为标准建立起来的，在西方的古希腊时期就是如此。

（2）语言的功能被认为只是被动地反映现实，而不能积极地创造现实或者影响现实，而且它所反映的现实也是不完整的、不确切的，所以描述中出现的缺点被认为是语言的缺点，而不是理论本身的缺点。

（3）语言的意义被缩减，形式模式被认为没有意义，意义和形式被割裂开来，或者认为概念是不存在的。这两种观点都影响语言学家对语言的正确描述。许多教材和教学法是以这些语言描述为基础编写的，所以会影响外语教学的效率。

二、系统语言学与英语教学

（一）系统语言学简述

语言研究的两大传统是形式主义与功能主义，形式主义的杰出代表无疑是乔姆斯基创立的转换生成语法（Transformational-generative Grammar），而功能主义则集中体现于韩礼德等建立和发展的系统功能语言学（Systemic functional Linguistics）。

系统功能语言学着眼于语言的人本性、社会性，索绪尔最早提出了"语言系统"的概念。他认为语言可以区分"语言"（langue，即抽象的语言系统）和"言语"（parole）。此后，大多数语言学家把语言看作"系统的系统"，是"语言单位按一定层次，并且在层次与层次之间有关联的排列"，它实际上是指语言的组合关系或者结构。

后来，伦敦学派和哥本哈根学派对"系统"做了新的定义。弗斯倡导以意义而非形式为语言研究的方针，把语言的聚合关系称为"系统"，把语言的组合关系称为"结构"。叶尔姆斯列夫区分了语言的"系统"和"过程"，系统的底层关系是聚合关系，过程的底层关系是组合关系。语言并非所有合乎语法的句子的集合，也不是某种组合关系，而是一个有意义、有规则的源泉意义潜势。同时，韩礼德同意叶尔姆斯列夫（Louis Hjelmslev）的观点，即他也将结构看作过程的底层关系，认为结构是从潜势中衍生出来的，而潜势可以更好地用聚合关系来表达。

系统功能语言学始终把语言的实际使用，即情景中的语篇，确立为语言探索的对象；始终把语言在实际情景语境中表达的意义，即语言的功能作为语言研究的主要内容；始终把语言交际视为一种社会人（social man）所从事的社会行为（social behavior），而这种行为是在包含着情景、语言（形式）和功能这样三个系统的行为框架（behavioral framework）里运行的，因此系统功能语言学把对情景、语言（形式）、功能等系统的描写及它们彼此之间关系的阐述作为其语言研究的出发点和归宿。

系统功能语言学的主要成果集中表现在对语言系统的重视和对语言功能的关注上，并相应地分为系统语言学和功能语言学两块。系统语言学将语言看作一个庞大而复杂的符号系统（semiotic system）。这个符号系统由许多子系统构成。这些符号并不是一组记号而是一套系统化的意义潜势

（meaning poiential），客观而全面地描写语言系统的构成和运作，研究人们如何通过语言交换来表达意义。具体来说，系统（功能）语言学对言语的探索是有必要前提的：将语言交际置于包含着语言、功能和情景的行为系统中阐述，并相应地对语言、功能和情景三大系统及其各自的支系统和支系统里的子系统进行描写。总之，语言的系统思想贯穿于语言研究的始终。

（二）系统语言学在英语教学中的应用

根据系统语言学的观点，语言教学的目的是能够使学生发展其"意义潜势"，能够使学生根据语境在这个"潜势"中选择适合语境的语言。教师的任务是以各种适当的方式，向学生提供他们所需要的知识和能力。

1. 教学内容

从教学内容方面来看，教师应该尽量满足学生的学习需要。这就要求教师：首先要探查学生学习中的需要，然后根据学生的需要来安排教学内容。

因此，教师要在现有的教学条件和资料允许的范围内，根据学生的实际水平，在教学中向他们提出学习要求，并保证这些学习要求适合学生的学习需要，有一定的实际应用意义，不然，学生就会失去学习的动力。

2. 教学方法

从教学方法方面来看，因为学生的学习方法、学习习惯和学习风格各不相同，他们的学习需要也就存在差异，因此教师在教学中需要运用适合于各种需要的教学方法，或者寻找一种最好的方法，而不是局限于一种方法。

语言是在一定的环境中学习和运用的，所以教师应该采用各种适当的教学方法来创造适合于学生学习的环境。学生学习的最佳环境是以学生为中心，教师进行指导，教师和学生共同来创造教学结构的环境。这种教学结构不依赖于任何一套教学方法和教学原则。

另外，教师不应只将关注点局限于教学方法的一个层次上，而要既注重学生对语音、书面写作、语法和词汇知识的掌握和运用能力，同时还要注重学生用语言表达意义和用语言做事的交际能力的提高。

三、语境与英语教学

语境是语言使用中不可缺少的一个重要组成部分，是一个有系统、有层次、可以用来逐步分析语言使用和功能的语言学范畴。多年来不同的学者从不同的角度和层面对语境和语言之间的关系进行了大量的研究。对于英语教学工作者和实践者而言，了解有关语境的性质和特征，有助于指导其具体的教学研究和实践，而功能语言学的语境理论正是这样一个有效的工具。

（一）语境理论

在功能语言学理论中，语境不仅是一个涉及语言使用环境的笼统概念，还是一个从符号学角度来解释语言使用的理论范畴。语境可以用于描述意义潜势（meaning potential）和语言体现形式之间的相互关系。

从层次的角度看，语境可以分为三层（three strata），即文化语境（context of culture）、情景语境（context of situation）和上下文语境（context of cotext）。

文化语境交际者的文化背景，包括交际者个人经历这样的小背景和整个社会文化这样的大背景。

情景语境指语篇含义会随交际话题、交际者的变化而变化。

上下文语境指语篇中的字词会受到周围字词的影响。

从多功能的角度看，语境的配置特别是情景语境的配置同语言的三大元功能（metafunctions）对应。

语场（field）——概念功能（ideational function）

语旨（tenor）——人际功能（inierpersonal function）

语式（mode）——语篇功能（textual function）

从潜势的层面看，我们可以理解语境为无数意义潜势变化的集合（Matthiessen）。

这种分析方法既加大了语境定义的深度，又拓宽了语境特征的广度，同时还在其概念中引入了延续和变化的概率性，它大致勾勒出语言和语境之间的层次和功能对应关系（未含潜能层面）。

每一个语境层次均对应一个语言系统中的层面。

文化语境——语篇体裁

情景——语境语域

上下文语境——语言表达形式

语言受到文化语境、情景语境和上下文语境三者的共同影响，这三个层面是相互关联的整体，它们组合起来构成语境整体配置，并限制语言的意义潜势。而这三个层面之间又呈现出以下的关系：语篇体裁是一个高度抽象的概念，指交往过程中有目的、有步骤的结构。这一结构由下一层语域中的语境配置体现，而语域又进一步由具体使用中的语言（即语篇）体现。因此，语言学家在研究语境同语言之间的关系时，可以采取以下两种方法。

第一，自上而下考察语境如何影响或决定语言的表达形式；

第二，自下而上分析具体语言形式如何构成特定的语境。

1. 文化语境

功能语言学对文化语境的研究始终都是基于语言学的角度进行的。"文化"一词的定义也与以往传统的定义有所差别。在功能语言学中，"文化"不再仅仅指与民族渊源有关的习俗、信仰、生活方式等，而是被定义为一种语境和一种系统，即一种通过语言来实现的意义潜势系统。这一系统基于不同的语言活动和不同的制度背景（institutional background），如教育、司法、政治、商业等，同时又表现出多样的潜在可能性。例如，政治性公开演说具有很强的制度性，它以语言形式表达政府或政党的行政管理和决策的意义潜势。这一潜势同时也呈现出特定的目的性：告知公众有关的政府决策并呼吁公众支持。此外政治性公平演说还表现出较为明显的有步骤的结构性：称呼听众接着点明话题，接着告知听众有关的局势，然后解释政府采取的措施或决策，然后呼吁听众支持或同情，最后结束讲话

2. 情景语境

在功能语言学中，情景语境是文化语境的体现。这一语境层次中含有三个语境变量，即语场、语旨和语式，这三个变量的配置决定了语言使用中的各类变体。我们仍以政治性演说为例。政治性演说由于语境配置的不同，可分为竞选辩论、就职演说、国情咨文演讲、新年致辞等。无论哪一种变体，三个情景变量的配置变化和特征都有所不同。

（1）语场

演讲人的目的旨在告知公众有关的局势，但更大程度上是为了唤起公众的感情共鸣和爱国情绪，呼吁国民团结一致。

（2）语旨

演讲人与观众的关系为领袖与公民的关系。两者之间既有不平衡的权力关系（领袖对普通市民），又有一致的关系。

（3）语式

演讲通过电视（同时也通过电台和互联网）转播，并有书面讲稿。

3. 上下文语境

在功能语言学的语境理论模式中，上下文语境处于最低层，以语篇的形式体现上面两个层次中语境变量的特征和配置。上下文语境属于以具体语言形式体现意义潜势的语言环境，直接关系到一段话语（书面或口头）是否是一个完整连贯的语义单位。也就是说，上下文语境决定了语篇的语篇性，并通过以下两种途径体现出来。

（1）语言形式、手段或称衔接结（cohesive ties），如照应（reference）、省略（ellipsis）、重复（repetition）等。

（2）语言三大元功能的整合作用。三大元功能通过三个语义系统（及物性、语气和主位系统）表现出来，而这三个语义系统又分别由不同的语义结构来体现，如不同类型的过程体现及物性系统、语气和剩余成分体现语气系统、主位和述位结构体现主位系统。然后，这些结构再通过具体的词汇语法形式表达出来。

可以说，上述层层体现、一一对应的关系是一个语篇能够在语义上完整和连贯的必要条件，缺少任何一个环节，语篇就会失去语篇性，也就不能称其为语篇。

（二）语境与教学内容

语言是在语境中产生，也是在语境中运用的，因此英语教学必须把语境纳入整个教学过程中。随着功能语言学理论的发展，语境理论被放在语言学研究的重要位置上，被语言学家不断完善并向纵深发展。在英语教学中，教师在认识到语言系统本身特点的同时，还需要认识语境及其范畴，将语境因素与语言特点系统地结合起来，在适当的时机向学生传授有关语境理论的知识。

1. 教授有关语境的知识

我们要把文化和语境理论应用到英语教学和学习中就必须先认识什么是语境，以及语境包括哪些层次、范畴等。因此，我们要探讨语境在英语教学中的作用首先需要把有关语境的知识作为教学内容来学习。但同时需要注意的是，学习语境并不是学习的目的，而是学习其他知识的手段。

在英语教学过程中，我们通常只需要参照语篇的情景语境即可，但一定要在情景语境中考虑文化背景的作用。情景语境、文化语境以及语篇因素等共同组成一个从语篇到语境的循环圈，该循环圈包括作为多功能结构的语篇、篇内语境、互文语境。克莱姆士（Kramsch）在《语言教学中的语境与文化》Context and Culture in Language Teaching 一书中以韩礼德的语境理论为基础讨论了五种语境：语言语境、情景语境、交流语境、文化语境、互文语境。

2. 将语境融入英语教学内容中

英语教学中讨论语境的目的是为了使学生更好地学习外语和学习语篇，认识语境是为了使学生更好地利用语境来学习英语。下面我们来探讨如何把语境融入英语教学的内容中。

首先，从语境的角度讲，语言的基本单位是语篇，因为只有语篇才能作为一个独立的单位参与到语言交际之中。因此，学习语音、词汇、语法等特征都应该考虑它们在语篇中的作用，这样就把英语教学中的任何项目的学习都与语篇和语言的关系联系起来。其次，从语篇与语境的关系上讲，语篇是表现一个人的思想和意图，而语境是表现一个言语社团的知识和期待。语境通过语篇在外语教学中起作用，具体可以分为以下几种情况：

（1）文化语境

从文化语境的角度讲，文化是一个非常复杂、包罗万象的现象。它存在于人类生活和交际的方方面面，人们只有通过实际的交际活动和实际的生活才能真正学到。从这个意义上讲，文化不仅仅是知识，更是存在于交际能力和生活能力之中的行为能力。从英语教学角度讲，文化存在于语言的运用过程之中，需要学生通过运用语言来学习文化。

（2）上下文语境

传统英语教学法通常忽视上下文的作用，只注重学习句子以下的单位，特别是词和词汇，以及语法规则。但实际上，上下文在语言交际和运用中具有十分重要的作用，除了第一句话之外，每一句话都要受到上文的制约。第一句作为说第二句话的基础，使信息沿着由新到旧，再添新、再到旧的新旧交替的形式发展。因此，英语教学应以语篇为教学的基本单位。在语篇中，从上下文语境的角度讲，主要有以下几个因素要在教学中作为知识和能力来教授。

①衔接

根据韩礼德和哈桑的衔接理论，衔接是一种谋篇意义，是在语篇中把句子与句子连接成篇的机制。

②主位推进

英语教学语篇中句子的第一个成分往往需要特别注意，要注意其与下面句子的第一个成分是什么关系，以及与下面所有句子的首位成分是否有关系等。

③新信息

如果是口语交际，我们还要看小句或者句子的重音是落在什么成分上，这个重音成分和下一个重音成分之间是什么关系，通过研究重音成分我们可以发现语篇的信息、发展脉络和语篇要提供的主要信息。

④补充信息

掌握作者或说话者的预设信息的量也是语篇理解的重要因素。当作者把某些信息预设为已知信息时，他就会采用提示或者省略的方式来处理，因而读者成听者就必须把预设的信息完整地补充上才能理解语篇。英语教学中也应着力培养学生的这种"补充信息"能力。

（3）现场语境

现场语境是语篇发生的直接语境，在交际中也发挥着积极的作用，它包括现场中的人和事物，以及事件本身等。韩礼德在讨论情景语境时把它看作一个由话语范围、话语基调和话语方式三个变项组成的概念框架。美国人类学家海姆斯（Hymes）认为语境包括八个因素：场景、参与者、目的、行为序列、基调、工具、交际与解释常规、语类。

我们讨论现场语境是为了发现哪些语言特征与哪些语境特征相联系。例如，话语范围与语篇的内容相联系，内容的一致性表现为语境的一致性；话语基调包括参与者及其交际目的、基调等与语篇的语气类型和情态语调等相联系，话语方式则与语篇的信息组织方式相联系。

（4）交流语境

交流语境是情景语境的重要组成部分，包括交际者在交际过程中的关系、信念、预设、意图等，通过讨论、解释、补救等方式来发展交际，其重点指的是讲话者和听话者或作者与读者之间的交流。

在英语教学中，教师一方面要利用语境来分析语篇，同时要教学生根据讲话者和读者的关系等因素来理解语篇，除了理解语篇字面上的信息之外，还要考虑讲话者的身份、地位、交际意图、对听话者的认识、与听话者的社会关系和交流关系等。

（5）互文语境

互文语境是本语篇与前面已经出现过的语篇、以后将要发生的语篇以及同时正在进行的其他相关语篇等形成的语境，这在英语教学中特别重要。从知识的角度讲就是，教师以前教授的内容要作为现在教授的内容的基础。教师在教学中应该做到以下几点：

①把本语篇内部与其他语篇相互联系的部分分清楚，包括引用部分、代其他人讲的话。

②把本语篇的内容与以前学过的语篇的内容结合起来，认识现在的语篇是在什么基础上建立起来的，以便更清楚地理解预设的信息。

③把本语篇的内容与以后将要学习的语篇结合起来，了解现在的语篇在整个教学计划中的地位，认识现在应该完成的主要任务。

（三）语境与教学方法

1. 教学理念

现代外语教学法是在传统外语教学法的基础上发展起来的。我们每发展一个新的教学方法都要列举以前多年使用的教学方法的缺点，这已经是一种惯例，也就在此基础上形成了许多的双分对立概念：其中一个被认为是有缺陷的，或者是落后的。

从语境角度讲，情景语境和认知语境是相辅相成的，语言交际总是由合适的语法系统和语法结构体现出来。从教学理念上讲，我们应该跳出常规的双分法思维模式，提倡辩证互补的思辨模式，也就是说，既做又想，相互促进；既教语法，又教交际，融语法于交际中；既让教师讲，又让学生讲，在师生交流中提高；既要从读中学，又要学习阅读，两者重点不同，可以互补；既教语言，又教文学，把文学作为语言的最高形式，既教文化知识，又教文化技能，把文化融入语言学习中。

2. 教学方法

在英语教学中把语境作为一个主要因素来考虑可以大大扩展学生的视

野，教师要综合性地运用许多教学方法，包括新发展起来的教学方法和以前使用多年并证明是很有效的教学方法。

（1）批评教学

英语教师应该具有很强的批评意识和对比意识。在英语教学中，教师除了让学生认识外国文化和行为模式，指导他们在语言交际中的文化习惯和语言习惯，还要教授他们对外国文化进行批评和把外国文化与中国文化进行比较，从这些活动中更加深刻地认识外国文化，也同时认识中国文化，提高教学效果。

从学生的角度讲，在教学中，学生总是寻找自己的理解方式，用外国语言来表达他们自己的独特意义。实际上，现行的教育思想低估了大众文化作为情感和认知源泉的特性。日常生活的任何东西都是意义交流的话题。新知识不是对旧知识的补充和优化，而是对它的挑战和修正。学生对新知识不是一味地接受，而是保持一定的距离，批评性地接受和运用。所以，教师应该采用批评的方法进行英语教学。批评性英语文化教学法包括以下几点：

①认识整体语境

教师应该从整体语言交际环境的角度来处理语言教学，不仅教授词汇语法、指称性意义，还要教授文化意义、人际交流策略、社会价值等。

②认识学生

在教学中教师要注意观察学生，根据学生的文化背景体会学生的心理状态，了解每个学生讲话和不讲话的动机、特点和情感等。

③注重听

教师要从学生的话语中听出学生的讲话动机，包括其含义、预设和假设等。

④意义范化

教师对英语教学中涉及的语篇、所做的审核和所说的话进行规范化处理，使学生从具体例证中学习系统的整体。

⑤意义创造

教学不是学习具体的话语，这就要求教师不仅要培养学生很强的交际能力，而且要让学生学会利用所掌握的语言资源，根据文化语境创造有利于实现自己交际目的的意义。

⑥自主和控制

教师让学生自主学习，但也应指导学生用合适的方式讲合适的话。

⑦教师的指导作用

教师指导学生应该学会哪些内容，指导他们学该学的东西。

（2）情景教学

世界知识和交际环境的无限性与教育环境的时间和情景的有限性形成一对矛盾。在英语教学中，如果要把学生培养成为英语交际能力强的人才，就应该让他们学到在无数不同的语境中恰如其分地进行交际的能力。因此，外语学习的目标是语言系统，而不是个别的语言现象。与语言系统相对应的是语境系统，即文化。

英语学习的目标决定了学习任务的艰巨性和课堂教学的高密度性。语言系统的类别本身是有限的，所以在语言学习中，我们可以首先把语言系统进行分类，然后分系统进行教学，最后把它们融入整个语言系统中。然而，每个系统，特别是意义系统，都是十分庞大和复杂的，实际的英语教学不可能穷尽这些系统，只能是在某个系统中选择几种实用的情景来学习，然后让学生"举一反三"，通过类比和推理学习系统内的其他特征。

（3）联系上下文教学

实际上，在英语教学中，上下文语境和相关语篇不是截然分开的，两者在教学上形成一个连续体。

在上下文语境中，教师需要从结构和系统两个角度来进行教学。

首先，从结构角度讲，教师不仅要考虑句子与句子间或句子内部的线性关系，如语言点、词汇、语音、复杂的句子结构、习惯表达方式、固定搭配、句子内部和句子之间的连接方式等，还要考虑语篇的宏观结构关系，各个部分的功能是什么，各个部分是怎样发展的，各个层次的语篇部分在整个语篇中起什么作用，各自对于实现语篇总的交际功能起什么作用等。

其次，从系统角度讲，教师可以灵活地采用以下四个步骤的教学方法进行教学。

①系统积累

即我们在接触某个系统的项目后就注意首先确定这个项目所属的系统，如确定"cat"属于动物类词汇的子系统后，把以前学到的与这个子系统相关的项目收集起来。

②系统建立

当某个系统中的项目积累比较多，基本上达到饱和或者接近饱和时，我们就应该把系统中的项目之间的关系系统地明确出来，把系统的项目置于系统中合适的位置上。

③系统使用

我们学习到某个系统中的项目就要尝试运用它们，即在语言交际过程中使用这个系统中的项目。

④系统完善

即我们把这个语言中整个系统所有的项目都学会，并且要把它们之间的意义关系、结构功能等搞清楚，并能够在语言交际中运用自如。

（四）语境与真实语料

根据语境进行英语教学必须要有合适的语言材料作为教学材料。在语境中进行交际的基本单位是语篇，而且这些语篇必须是实际语境中运用的语篇，而不是根据个人的感觉编造出来的语篇。这就是我们在运用交际语言教学法时一直提倡的真实语料。

1. 英语教学中的真实语料

真实语料是指"在非教学环境中，即在自然的交际中运用的语言"。由于我们从语境的角度所选择的语料必然是语篇，所以所选择的真实语料就是社会交际中实际出现的真实语篇，而不是作者根据自己的需要而编造的语篇。一个真实语篇是用于实现在产生它的语言交际中的某些社会目的而生成的语篇。与自然交际环境中相比，教育环境中语料的真实性要难以预料得多。例如，把一个在社会交际中真实的语篇拿来进行模式训练，真实语料就成为机械的语料、人工语料等。从这个角度讲，真实性不是存在于语篇中，而是存在于讲话者和听话者对它的使用中。真实性依赖于语言产出者的意图和语言接受者的解释的一致性。这种一致性是通过语言对常规的共享知识起作用的。教师的任务是教授学生可以把语篇真实化的措施和方法。因此，英语教学中的真实语料实际上需要在以下两个方向上取得一致性。

首先，教师所选择的语料要根据交际的需要选择，交际所需要的语料就是真实语料，同时还要考虑交际活动所处的文化环境是母语文化还是目标语文化。

其次，教师要在教学中把所选择的语料真实化，也就是说要把这些语料恰当地用于真正的交际活动中，提高学生的实际交际能力。

在以上两个条件一致的情况下，语料就具有完全的真实性，否则语料的真实性就会降低。

2. 语料真实化的教学方法

在英语教学中把语料真实化有两种比较流行的方法：一是交际水平法；二是话语分析法。

（1）交际水平法

交际水平法是美国众多学校进行外语教学时常用的方法，这种方法强调的是说和做。因此，其语料是日常交际中的真实语料，特别是新闻和电视语言材料。在外语学习中提倡学生学习新闻语言是因为其文化内涵特别丰富。电视材料在真实语料中具有代表性，因为它们反映社会文化发展的最新动态。在使用电视材料时，文章的题材应该局限于日常需要的词汇。因为中级学生还不能切实理解抽象的东西，所以最好的选择还是以行动为主，包括日常事件、个人感兴趣的事件等，如体育和音乐。

（2）话语分析法

话语分析法注重把整个交际事件原原本本地展现出来，包括整个事件的语境和所说的话。这种方法一方面能够让学生了解目标语文化的特点，另一方面也能够展现外国人是怎样用语言来创造他们的文化的。

话语分析法更注或话语的功能。话语被认为可以创造现实。此外，话语分析法还注重对文化知识的学习和认识，但是忽视了文化行为，也就是语言交际的学习，所以在一定程度上来说，这种教学方法难以真正培养学生的跨文化能力。

第三节 系统功能语言学与英语翻译理论的互动研究

系统功能语言学认为人们对语言的要求是由语言本身的性质决定的，语言是具有特定的功能的，是主观世界、客观世界的直接或者间接反映，是作为社会一分子的人的活动，而且是带有明确的意义，是基于语篇的交互活动。下面主要研究系统功能语言学与高校英语教学的互动。

一、系统功能语言学视角下高校英语教学研究

（一）系统功能语言学概述

1. 国内代表人物及成果

自系统功能语言学诞生以来，国内一些学者对之展开了大规模研究，主要代表人物有胡壮麟、朱永生、任绍曾等，他们相继发表了《语言系统与功能》《语言，语篇，语境》《语言，系统，结构》《功能语言学在中国的发展》等论文，提出了自己的见解。胡壮麟、张德禄、朱永生等人在《系统功能语法概论》一书中较为系统地阐述了自己的理论。

2. 国外代表人物及成果

国外研究中最有代表性的人物是韩礼德，他的理论也是最具有代表性的，他相继发表了 Learning How to Mean、Explorations in the Functions of Language、Cohesion in English、Language as a Social Semiotic、An Introduction to Functional Grammar 等作品，并形成了六个核心思想：纯理功能思想、系统的思想、层次的思想、功能的思想、语境的思想、近似的或自然的思想。

（二）系统功能语言学视角下的教学研究

在传统的英语教学中，教师基于学科教学的理念，过于注重英语词汇教学与语法教学，忽视了英语的工具性。在系统功能语言学视角下，高校英语将成为推动世界文化传播的重要工具，而且基于语言学研究的教学实践也必将推动英语教学日趋完善，英语文化传播功能将提升学生的软实力。

基于系统功能语言学视角的高校英语文化传播价值的实现，需要遵循导入性原则，将文化传播有机融合在英语教学中，适度传播，循序渐进；文化传播的形式要自然、有机地融合在高校各个教学环节中。

基于系统功能视角的高校英语教学将打破英语翻译功利化的教学现状，帮助学生融合到语用情境中，深层次地理解英语原文表达的意义，准确把握语用情境。这样就能进一步提升学生的英语理解能力。

基于英语语言交际的视角实施英语教学摆脱了英语翻译应试教学的教学现状，能够促进学生借助英语翻译发展和提升语言交际能力，最终达到运用英语进行交际的功能，有助于促进学生综合素质发展。

总之，系统功能语言学开拓了高校英语教学的理论视角，从多元化视角重新审视高校英语教学实践。高校英语教学要从语言学比较的视角，积极探索系统功能语言学在高校英语教学中的应用，建立起比较的思维、联系的思维，推动高校英语教学的全面优化与创新，充分发挥高校英语交际功能，提升学生运用英语进行交际的实践能力，促进学生综合素质的发展，促进高校人才培养。

二、基于系统功能语言学框架下的高校英语读写教学

阅读和写作是英语学习的重要内容，也是学习英语的重要手段，更是英语教学的重点与难点。特别是英语阅读教学深受教师和学生的重视，一直都是英语教学的重要组成部分。尽管如此，英语阅读和写作教学中仍存在一些问题，阻碍着英语阅读和写作教学的发展。因此，英语阅读和写作教学需要引入新的理论来对其进行指导，其中功能语言学理论对提高英语阅读教学的质量并促进学生英语阅读能力和交际能力的提升有着突出的作用。下面具体阐述功能语言学指导下的英语阅读和写作教学。

（一）阅读教学简述

在开展阅读教学之前，需要对阅读理解的本质以及英语阅读教学中存在的问题有一个准确的了解和把握，这对于英语阅读教学的有效开展十分有利。因此，这里首先对阅读理解以及英语阅读教学中存在问题进行简要论述。

1. 阅读理解

阅读是读者与作者以文本为中介进行信息、思想交换的过程，它也是读者利用自己已知话题的背景和作者所表达的意图进行概念重构的加工过程。关于阅读的本质，社会语言学和心理语言学分别从不同角度进行了解读和阐述，认为阅读是读者在感知语言信息之后，在大脑中加工和理解信息意义的认知过程，具体包含两个层面的认知活动：一是浅层意义的认知活动，二是深层意义的认知活动。此外，学者们还将阅读分为两类，一类强调的是译码的过程，另一类强调的是意义的获得过程。对此，史密斯（Smith）指出，阅读是向篇章提出问题，而阅读理解则是使问题得到回答。就阅读理解而言，其包含两层含义，一是读懂语篇的语法结构，即读懂潜音、词汇、语法以及由它们组成的句子，但这种理解仅限于字面意思；二是除了理解字面含义，还要理解语言的交际功能。阅读并不等同于理解，由阅读到理解需要一个过

程。关于这一过程具体是怎样的一个过程,目前有三种不同的观点。

(1) 文本驱动阅读

这种阅读模式就是逐词逐句地理解文章内容,因此这种阅读模式又称"自上而下的阅读"(top-down approach)。这种方式的阅读理解主要是对文本的理解,首先是读者对字面、单词的理解,然后是对句子、段落的理解,最后是对语篇的理解,也就是由字面到句子、由低级到高级的理解。读者的主要任务是对文本进行解码。

(2) 图式驱动阅读

不同于文本驱动模式,图式驱动模式是通过大脑图书帮助读者理解文本的阅读方式,又称"自下而上的阅读"(bottom-up approach)。在这一阅读模式中,读者在对文本进行解码的同时,也会利用大脑中已有的知识来帮助理解文本,也就是进行预测、验证、修正、调整的活动,与文本进行交互对话。这种观点认为阅读过程是意义的重新建构过程,而不仅仅是意义的解码过程,并且在这一过程中,语篇并不是阅读的中心,读者才是阅读的中心,整个语篇的意义是读者根据已有知识和具体语境重新建构出来的。

(3) 交互阅读

交互阅读是指阅读过程中读者需要同时借助多种不同渠道的信息才能对文本有一个正确的理解,而来自不同渠道的信息以不同的方式作用于理解,起到相互补充的作用,因此这种阅读又称"交互补充模式"(interactive-compensatory approach)。不同渠道的信息概括起来包括文本信息和图式知识。要想流畅地进行阅读,读者不仅要具备基本的解码技巧,还要掌握一定的图式知识,并注意积累和丰富自己的图式,在阅读过程中做到文本与图式的交互,进而有效展开阅读。

2. 英语阅读教学中存在的问题

英语是人们了解和认知世界的一种工具,阅读则是一座桥梁,连通了人们与认知的世界。人们无论通过什么渠道来获取知识,都需要依靠较强的阅读能力。但阅读能力属于一种隐性能力,很容易被忽视,从而导致英语教学中出现诸多问题。具体而言,英语阅读教学主要存下以下几个问题。

(1) "形式主义"语言观根深蒂固

目前的英语阅读教学仍普遍存在着"形式主义"现象,这主要受"形式主义"语言观的影响。"形式主义"语言观以乔姆斯基的"普遍语法"为代表，它只深入语言学的内部来探讨语言的本质及语言学知识，而很少考虑社会、文化、语境等对语言有着重要影响作用的因素。而且"形式主义"语言观注重对句法进行分析，相较于意义，语言分析常被优先考虑。受"形式主义"语言观的影响，英语阅读教学侧重词汇、语法层面的讲解，整个教学仅仅停留在句法层面，而忽视意义与语篇的整体教学。很明显，这样的英语阅读教学是很难有效培养学生的阅读能力的。

（2）学生对阅读策略的掌握缺乏指导与训练

有效掌握阅读策略对于学生的阅读至关重要，而且使学生有效掌握和运用阅读策略也是英语阅读教学的重要目标之一。但现实状况是，英语阅读教学仍然是"以师为主""以教为主"，几乎没有从学生的角度出发来设计教学，忽视了学生的学习和发展需求。此外还有一点值得注意，虽然学生的课后时间比较充裕，但实际上学生在课后进行阅读活动的时间是有限的，有些学生甚至不进行课后阅读活动，所以如何使每一堂阅读课的效益达到最大化是需要每位教师考虑的。具体而言，在英语阅读教学中，教师应转变教学观念，将学生作为教学的中心，将阅读策略作为教学的重点，将英语阅读的策略巧妙地融入阅读课的各个环节，使学生有效掌握阅读的各种策略，并在将来的阅读活动中有效地运用。

（3）沿袭传统的英语阅读教学实践

"形式主义"语言观反映到英语阅读教学实践中表现为过于重视对语言知识的教学。这种教学模式的教学思路为由词、句到段落再到篇章，而且这一过程尤其注重对词汇和语法知识的讲解。受传统教学模式的影响，教师的阅读教学表现出对传统教学行为的传承性，呈现出落后性特征，其直接导致的结果是学生对文章高层次分析能力不足，缺乏创造性思维，而且对文章的理解仅停留在词汇、语法和句子层面。可见，改变教学模式对提高英语阅读教学效率至关重要。

（二）功能语言学指导下的英语读写教学模式

将功能语言学理论运用于英语读写教学中能有效消除"形式主义"语言观给英语阅读教学带来的影响。功能语言学理论能够帮助学生更好地理解语言的含义，能够使学生深入挖掘语篇中隐藏于字里行间的深层意思，这对于提高学生的英语阅读水平和写作水平而言意义重大。基于功能语言学理论的指导，英语教师可采用不同的教学模式展开教学。

1."宏观—微观—宏观"教学模式

"宏观—微观—宏观"教学模式是基于功能语言学、针对英语阅读教学的特征而设计出的一种全新的教学模式。这种教学模式对培养学生的阅读理解能力、提高英语阅读教学效率具有重要作用。

（1）宏观结构

①语篇体裁和篇章结构

按体我来划分，英语语篇分为记叙文、议论文、说明文等，这些文体又广泛应用于广告、新闻、法律等。所以，英语阅读教学根据语篇体裁来组织教学，是一个非常好的切入点。文章的文体不同，其组织结构、章节安排等就会不同。分析篇章的结构可以从篇章的形式以及内容结构着手，常见的篇章结构有问题解决模式、叙事模式、总论分述模式。

②文化语境

就语境层面而言，语篇是语言的基本单位，在学习语音、词汇以及语法知识时都应考虑它们在语篇中发挥的作用，这就将英语教学中所有项目的学习与语篇紧密联系在了一起。可见，语境与语篇有着密切的关系，同时语境对语篇有着一定的影响作用。文化语境是语篇在一定的社会文化中表达出的所有意义，包括交际目的、交际内容、交际形式等。文化语境主要通过语篇体裁来反映。每一个语篇都有其特定的体裁。在英语阅读教学中，教师可以在学生了解语篇的体裁之后，为其分析总体语境，使学生对文章的文化背景知识有所了解；同时教师还可结合多媒体展开教学，通过幻灯片、自制课件等介绍语篇的文化背景知识，从而激活学生已有的知识，进而为之后的语篇理解奠定基础。

（2）微观结构

①确定重点形式项目

英语词汇一直都处于不断发展和变化中，而每个人的词汇储备量都是有限的。因此，在阅读过程中遇到一些生词、短语和习语是不可避免的事情，而这些项目也就成了阅读理解的拦路虎。当学生遇到的生词较少时，凭借上下文语境以及其他信息就可以推测出这些生词的含义。但如果一个篇章中出现大量的生词，无论学生的阅读技巧多么熟练，阅读速度和阅读质量都会降低。针对这种情况，教师应引导学生及时发现可能遇到的阅读障碍，具体做法是在阅读前通览全文，在不认识的词汇、短语、习语等出现的地方做上标记，将其作为重点克服的项目。

②教授重点形式项目

当学生在阅读中遇到陌生的单词、短语和习语时，教师应培养学生推测这些形式项目意义的能力，从而减少陌生词语给学生阅读带来的消极影响。教师可引学学生从词语的语篇功能角度来推测陌生词语含义。举例如下：

Dear Diana,

I think this is a very serious issue, and if EAP tutors can do anything to help international students understand the kind of response they are likely to get from their department, it will extremely be valuable.In my experience, they may well not see it as particularly heinous (as your student clearly didn't): I'm less familiar with buying essays (the subjects I teach don't lend themselves to it terribly well), more with "more traditional" borrowing from published sources and.increasingly, material available on the internet. Students tend to say things.like they feel it shows respect to the sources if you use the language-since we are, after all.telling them to use the ideas.

假如 heinous 一词对学生来说属于陌生的单词，那么该词将会影响学生的阅读，使学生难以理解整个语篇含义。但如果学生能够通过该词在上下文中的功能进行推测，那么就能推测出其含义。具体而言，从小句的及物性结构进行分析，heinous 一词以 it 为载体，是表示"属性"的词。根据上下文进行分析，buying essays 与 borrowing from published sources 表明该词的"属性"是贬义的。虽然还不清楚 heinous 一词的贬义具体指什么，但至少对整个语篇的理解以及对说话人态度的判断不会出现方向性错误。

③强化与扩展

推测出了生词在语篇中的含义并不代表阅读的结束，学生还需要继续了解词汇的系统特征，具体包括生词与其他词汇的语义关系、生词与其他词汇的搭配关系、生词在其他语境中的功能与意义，以便为今后的阅读奠定基础。如果条件允许，教师可利用生词在语篇中的功能、搭配、意义等来向学生介绍单词的系统特征。这里以上面例子中 issue 一词为例进行说明。

Dear Diana.

I think this is a very serious issue, and if EAP tutors can do anything to help international students understand the kind of response they are likely to get from their department, it will extremely be valuable.

issue 的基本含义是"问题、议题"。除了让学生了解这一含义之外，教师还应向学生讲授以下几项内容。

首先，issue 一词与 point、problem、theme、subject、question、topic 等词具有同义关系。

其次，issue 一词还出现在 a lake that has no issue to the sea 和 the March issue of the magazine 等语境中。

最后 issue 与 edit、publication 等词具有搭配关系。

④语法结构的分析

当确定了要教授的项目的扩展形式后，教师应从不同角度对语篇中的小句进行分析，也就是从及物性结构、语气结构、主位结构等角度与语篇的整体语法特点进行分析。

⑤意义分析

我们在结束语法分析之后，接下来就要根据语法分析来认识意义。从及物性结构上讲，上述语篇由以下几个部分组成：第一是物质过程，物质过程与人及其行为有关，即什么人在做什么事；第二是关系过程，关系过程主要指属性关系过程，因此本语篇主要与人和事物的性质、特点有关；第三是心理过程，心理过程的参与者为安德里的朋友、卡尔孟特夫人和安德里夫妇，他们的谈话内容都与房子有关；第四是话语过程，话语过程主要涉及发现什么及对发现物（房子）的思考，以感受过程和认知过程为主。

至此，教师可对语篇的概念意义进行总结，具体包含以下内容：主要参与者为安德里夫妇和卡尔孟特夫人；主要事件为参与者因房子而产生的一系列行为；参与者的行为展现的是高兴、兴奋、意愿、方便、明亮等性质特点，以及参与者的思维与商讨过程。

实际上，语篇主题是两家共同商讨房产交易和居住问题。可见，主语和主位在很多方面是一致的。

⑥语境推测

接下来，教师应引导学生对语篇进行情景语境的推测，具体包括以下几项内容。

话语范围：关于房子的交易和居住的商讨。

物质过程：关于交易（pay）、搬家（move）、居住（live）等。

关系过程：关于人的表现及房子的特点。

话语过程与心理过程：关于交易及人的活动。

话语基调：语篇中人物社会距离大，两者之间是房主和购房者之间的关系。

（3）宏观重构

教师在对篇章进行微观分析之后，需要在宏观上对篇章意义进行整体重构，以使学生对篇章的词汇衔接、语法结构以及逻辑关系等有一个系统的认识，从而使学生在理解篇章内容、展开方式的基础上，能够抓住篇章的核心思想，并能升华篇章的思想内容。

通过"宏观—微观—宏观"教学，学生的学习态度会有所转变，而且学生学习的内容也不再是一堆文字，而是用来表达思想的有生命的载体。

2. 教授学生核心阅读策略

阅读策略对于学生的阅读理解而言至关重要，它是确保阅读理解顺利进行的基础和保障。因此，在英语阅读教学中，教师应有意识地教授学生一些核心阅读策略，以提高学生的阅读水平。

（1）略读

略读就是有意识地略过一些词语、句子甚至段落。略读属于一种选择性阅读，可以在较短的时间内把握文章的中心大意。在教授学生略读策略时，教师应让学生注意以下几个问题。

①要特别注意文章中的斜体字、黑体字、划线部分以及文章的小标题等。通常，斜体字、黑体字、划线部分都是一些重要信息；小标题往往是文章中各部分重要内容的概括与浓缩。

②要特别关注文章的首段和尾段。在一篇文章中，首段通常对全篇进行综述和概括，尾段往往进行总结。掌握这些关键段落对于把握文章的主要信息和逻辑关系十分有利。

③对于一些关键词和关联词，也要给予特别关注。学生通过关键词和关联词，可以推测文章主题，推断作者思路，把握上下文逻辑关系。

（2）跳读

采用跳读策略往往是学生已经有了明确的阅读目的，具体是首先阅读题目，然后根据题目返回原文寻找答案。当学生面对阅读中的一些选择题，并且时间紧迫时，就可以采用跳读策略。采用跳读策略进行阅读，可以快速对信息进行定位，而且也能全面提高对信息进行筛选、加工、处理的能力。

在具体的教学过程中，教师可向学生具体介绍跳读的一般步骤。

①阅读题干和具体选项，了解所需信息的类型。如所需信息与时间有关，学生就应特别关注一些日期、数字等；如果所需信息与地点有关，学生就应特别关注一些地名。

②根据题干在文章中寻找相关信息的位置。在此过程中，对于一些无关的内容词以忽略。

③快速搜索，找到所需的相关信息，并对其进行加工处理。阅读问题中要求选出时间、人物、地点、做事的方式、事情的起因或结局，学生可以边读边记录，以便于查找。

④最后应返回到问题中，学生通过比较选项，并确定与原文信息的含义最贴近的选项。

（3）寻找主题

确定文章的主题思想是理解文章的关键，所以要想把握文章的主题思想，非常重要的一点就是确定文章主题句。主题句的位置通常比较灵活，有时位于段落开头，有时位于段落结尾，有时位于段落中间，甚至有时暗含在段落当中。

①主题句通常位于段落开头。英语的表达习惯一般是先给出观点和想法，然后再对观点进行具体阐述。

②英语中的主题句常位于段尾，文章的开头部分是作者对细节问题的描写，并逐层概括出文章的主题。

③主题句有时也会位于段落的中间，此时段首的句子一般是对主题的铺垫，而主题句之后的段落则是对主题的进一步阐述。

④主题句有时也会同时位于段首和段尾，就是文章主旨在段首和段尾

同时概括出来，这种情况在文章中最为常见。但此时段尾的主题句并非只是对段首主题句的重复，而是对段首主题句的进一步引申和呼应。

⑤在有些文章中，无论是段首、段尾还是段中，都很难找到明显的主题句，实际上这类文章的主题句融入了段落之中，需要我们捕捉文章细节，自己概括文章大意。

总体而言，在功能语言学理论的指导下，英语阅读教学应恰当地采用"宏观—微观—宏观"教学模式，并教授学生核心阅读策略，以有效培养学生的阅读能力。

3. 英语写作教学中存在的问题

英语写作能力属于一项综合应用能力，是英语写作教学关注的重点之一。就目前的英语写作教学来看，现状并不乐观，很多学生的英语写作都存在诸多问题，如文章缺乏连贯性，结构存在问题等。而功能语言学从语言的功能着眼，从意义入手，关注语言与语境的相互依存关系。因此，功能语言学对解决学生英语写作中的问题以及提高英语写作教学的效率具有重要的指导意义。下面就来详细分析功能语言学指导下的英语写作教学。

写作能力的培养和提高是一个长期的过程，英语写作也是如此。对于英语写作教学而言，要想提高学生的英语写作能力，教师首先要让学生了解什么是写作，并掌握英语写作教学中存在的基本问题，以便调整和改进英语写作教学。

写作是语言的输出活动，属于一种产出性技能。写作的英文表达是"writing"，该词的含义不仅涉及写作的结果，也涉及写作的过程。写作过程的好坏直接影响着写作结果的成功与否。针对写作的定义，不同的学者从不同的角度出发发表了不同的观点。

瑞密斯（Railmes）指出，写作具有两大功能：一是为了学习语言而进行写作，学习者通过写作可以巩固自己所学的语言知识；二是为了写作而进行写作，在写作的过程中，学生动脑表达自己的观点就是强化学习的过程，就是将自己所学知识用于交际的过程。写作技能需要通过学习才可能获得。

威廉姆斯（Williams）认为，写作并不是口语的附带成分，而是人们传达思想、交流情感的重要形式。写作不仅需要写作者复杂的思维方式，并且需要写作者掌握多种知识和技能。卡纳尔（Canale）和斯温（Swain）认为，写作不仅需要写作者将其语言能力、社会语言能力、策略能力的过程展现出来，还需要将其结果展现出来。

我国学者王俊菊从认知心理学的角度出发对写作进行了解释，他认为写作不仅仅是视觉上的编写行为和书写过程，也是一些包含复杂活动的解决问题的信息加工过程。

总体来讲，写作是写作者运用书面语言来传达思想、交流信息的过程与结果的集合，其中不仅涉及写作者多方面的知识和技能，还涉及对其意义的传达和信息的加工，因此写作既是语言运用的手段，也是学习运用语言的目的。

英语写作教学中存在的问题主要集中在教师和学生两个方面。

（1）教师方面的问题

①重视语言点的输入，忽视语言的输出

不可否认，语言知识是所有教学中的重点内容，在英语写作教学中也是如此。为了便于学生了解和掌握尽量多的语言知识，在写作教学中教师就会对一篇文章进行详细的分解简述，将一篇文章分为多个小的语言点，学生虽然通过这样的教学方法掌握了基本的语言知识点，但掌握的信息具有一定的零碎性，无法有效把握文章的连贯性，从而也就无法掌握一篇文章是如何完成的。教师的这种教学方式只会让学生在学习过程中死记硬背词汇和语法等基础语言知识而忽视了写作。与此同时，在上述过程中，教师也忽视了语言输出的重要性。实际上语言输出对于学生英语能力的提升至关重要。在写作教学中，教师进行词汇输入时常具有一定的机械性，往往是将词汇灌输给学生，而缺乏对高级词汇的挖掘和激活，也缺少对学生的写作实践训练，当学生需要通过词汇进行语言输出时，就会发现自身词汇的匮乏。

②缺乏行之有效的写作教学计划

在英语教学中，英语写作教学设计总是被置于次要位置；教学中大多数语言点的输入也是为听、读服务的，写作技能的训练往往被忽视；只有在考试习题涉及写作时，教师才会对写作的相关内容进行讲评，但相关的解析又缺乏一定的深度；对于能够提高学生写作能力的各种训练更是很少安排。在培养学生的写作技能方面，教师假如仅仅让学生熟记范文、积累句子，这样的教学计划显然不能激发学生写作的积极性，而且学生的写作也缺乏创造性，永远处于模仿的阶段。如果长时间缺乏行之有效的写作教学计划，学生的写作就会出现各种问题，进而会影响学生写作能力的提升。

（2）学生方面的问题

在具体的英语写作学习过程中，学生常出现以下几种问题：

①搭配错误

英语中有些词只能与某些词同现，也就是词与词的同现有一定的选择限制，这就是所谓的词的搭配。在英汉语言中，有些词虽然概念意义及内涵意义相同，但搭配并不相同。中国学生在接触新的英语词语时，常会联想到自己母语中与之相对应的某个词语，进而将两者等同起来，造成词汇搭配错误。例如，open 一词的汉语对应词是"开 open the door、open your book 是学生接触最多的搭配，因此学生就错误地认为 open 与"开"的其他意义也相对应，于是就出现了"lam going to open a factory"这样的错误表达。实际上，英语中与"开"相对应的词不只有。pen 还有很多其他词。举例如下：

开车 drive a car.

开灯 turn on the light.

开玩笑 make a joke.

如果学生没能掌握英语中的一些常用搭配，在英语写作中就会习惯按照汉语的固定搭配进行表达，写出的英语句子必然会不符合英语的表达习惯。举例如下：

I am always concerned with your English study.（误）

I am always concerned about your English study.（正）

上述表达错误就是因为混用了固定搭配而造成的。be concerned with 的含义是"与有关"，be concerned about 的含义是"为担忧或操心"。

②汉语句式

英汉思维模式存显著的差异，因此在表达方式上也体现出明显的不同，这在句式表达上尤为显著。学生因表达能力不高，没有意识到英汉句式的差异，常采用机械对应的方法，将汉语的表达方式用到英语句子的写作中。例如，在表达"不知不觉，期末考试已经来临了"这句话时，学生往往写成"I don't know the final examination had fallen."，这明显就是典型的汉语句式，其正确表达应是"The final examination came before I realized it."再如：

My study was very busy at that time.（误）

I was very busy with my study at that time.（正）

I think she will not turn against me.（误）

1 don't think she will turn against me.（正）

③衔接策略差

在学生的英语写作过程中还普遍存在着衔接策略差的问题。衔接是指语篇内部存在的语义关系，是将句子连接成篇的重要手段。具体而言，衔接的手段包括过渡词的使用、语法结构的照应、同义词的复现等。学生的衔接策略差主要是指学生在英语写作中，句子或段落按照汉语依赖内容层次、以语义为中心来衔接，即学生不善于使用照应、省略等衔接手段。举例如下：

Our lives have changed a lot since we entered college.To compare with senior middle school.there are fewer classes much time controlled by himself.（误）

Our lives have changed a lot since we entered college.To compare with senior middle school.there are fewer classes much time controlled by ourselves.（正）

上述错误表达中，himself 与 we 不一致，改为 ourselves 更为妥当，也使得上下文衔接更为连贯。

④篇章结构安排不合理

篇章结构对于文章而言至关重要，它好比人的骨骼，如果没有了坚实的骨骼，文章的灵魂和思想也就无所寄托。因英汉思维模式的差异，中国学生在进行英语写作时，常会不自觉地按照不符合英语演绎型语篇模式的汉语归纳型语篇模式进行表达，最终写出中式的英语文章。例如下面这篇 *Christmas Should be Accepted in China*（中国应该接受圣诞节）。

When it comes to Christmas, different people hold different views.Some argues that Christmas has brought lots of trouble to us.The youth seem take more and more interest in foreign festival rather than the Chinese traditional festival.

I think the best choice is to accept Christmas because Christmas benefits us a lot.Though it may bring us some trouble, we can make good use of it and make our days.

文章的标题是 Christmas Should be Accepted in China，但文章的开头并没有提出观点，读者也不能明白作者的立场，读者一直看到最后一句才能了解作者的观点和态度。很明显，上述英语文章是按照汉语螺旋形的语篇模式进行表达的，文章开头不直接表明观点，而是采用迂回的方式加以阐述，为引出文章主题做铺垫。但英语语篇习惯采用直线型模式进行表达，往往是开门见山，在文章开始就直接点明中心思想，然后一步步填充内容，逐渐使主题丰满起来。因此，上述文章可以修改如下：

Christmas as a very popular western festival whether it should be celebrated in China or not, different people hold different opinion, but I think it should be accepted in China since more and more young people are interested it.However, some argues that Christmas has brought lots of trouble to us It is obvious that both viewpoints are reasonable.

4. 功能语言学指导下的英语写作教学模式

为了解决英语写作教学中的问题、培养学生的写作能力、提高英语写作教学的效率，英语写作教学需要更新教学观念，革新教学模式。功能语言学指导下的英语写作教学模式对于消除英语写作教学中的问题、提高教学效率具有重要意义。下面就具体介绍功能语言学指导下的英语写作教学模式，即读写循环教学模式。

在英语写作教学中，教师常常会采用多种教学模式，但这些教学模式都忽视了阅读与写作之间的密切联系。将读与写紧密结合在一起进行教学，不仅能培养学生的阅读能力，还能有效提高学生的写作水平。而功能语言学强调语言交际的双向性，并将阅读与写作看作是同一个交际过程的两个基本程序。哈蒙德（Hammond）等人提出了读写循环教学模式，并认为完整的写作教学程序应包括建立知识场、建立语篇模式、合作创造语篇、独立创作语篇这四个阶段。

（1）建构相关话语范围的知识

在这里，相关话语范围的知识主要是指与主题相关的各种文化社会知识。建构相关话语范围的知识是读写循环教学法的起始阶段，需要完成的任务具体包含以下三项。

第一，深化学生对与话语范围相关的各种知识、经验的认识，通过讨论与交流了解其他学生的相关经历。

第二，比较与话语范围相关的本族语与目标语知识中的相同点与不同点，从而了解不同文化背景对话语范围的影响。

第三，罗列、选择、整理与话语范围相关的词汇及表达方式。

为完成上述任务，教师通常可进行以下教学活动。其一，准备一些以话语范围为中心的语篇，安排学生对这些语篇进行讨论、比较，使学生理解不同语言与文化在表述类似话题时的异同点；其二，组织学生在课堂上交流各自的经历，例如，以最喜欢的一本小说为题，教师可安排学生相互交流各自最喜欢的小说、小说的作者、故事梗概、创作背景、小说中最动人的情节、阅读的感受等。通过这种交流，学生既可以锻炼自己的逻辑思维能力，又可以在交流中拓宽知识面，丰富写作素材。为加深学生对题目的印象和感受，教师可组织学生亲自参与或实施与题目相关的活动。例如，要讨论超市购物方式，教师可安排学生亲自去超市购物；其三，教师安排学生准备与题目相关的各种物品，如图片、照片、音频、视频、书籍、实物等来建立语境。引导学生从写作的角度来阅读语篇，并发展认识语言符号、辨别意义、略读、速读、寻读等技巧。在学生阅读过程中，教师可引导学生归纳整理与题目相关的新的语言点，并将新的语言点与已学过的内容联系起来。

（2）建立相关语类的语篇模式

在建构相关话语范围的知识后，就要着手建立相关语类的语篇模式，教师具体需要完成以下任务。第一，通过语篇分析向学生传递语类意识；第二，通过语篇分析使学生感受语类的词汇、结构特征，以及这些特征如何为表达主题服务；第三，通过语篇分析使学生感受语类的社会功能，建立相关语类的语篇模式。教师可以安排以下教学活动：教师安排学生阅读范文，与学生一起阅读语篇，既可由学生轮流阅读，也可以由教师领读。根据语篇内容对相关背景进行推测。请学生回忆曾在其他时间、其他地点读过的相似或相同的语篇，并组织大家沟通语篇的内容、观点、态度等。组织学生对语篇的框架结构进行分析，由教师或者学生找一些相似的语篇，让学生练习发现语类结构的阶段的方法。以语类为基础，组织学生观察、归纳、总结一些规律性的语法模式，探寻语法模式与语类的内在联系，即哪些语法特点可以用来展现语类的特点。总体而言，教师要引导学生在话语范围的知识结构与语篇的语类模式两者之间建立起联系，以便为后续的教学奠定基础。

（3）合作创造语篇

在此环节，学生需要尝试将主题与语类进行结合，即使用具体的语类模式来表达某一主题。在这个过程中，学生会遇到各种各样的困难，因此教师应从多个方面为学生提供指导与帮助。首先，根据学生的具体情况，教师既可以重复前面的一些活动，也可以组织一些新的活动，如对语类的结构、目的、语境等重新讨论，以深化学生对语类及主题的认识。其次，教师可以为学生进行语类结构方面的宏观指导以及词汇语法特征方面的微观帮助。

此外，如果学生的英语程度不能满足书面表达的要求，教师还可先指导学生进行口头语篇的创作，具体方法可以是组织学生进行角色扮演，这可以作为书面语篇的前期准备。教师在帮助学生完成一个语篇的几个草稿或若干个合作语篇，且学生可以较好地掌握语类结构和词汇语法特征后，教学就进入了独立创作语篇阶段。

（4）独立创作语篇

在前期准备工作结束后，学生就要着手进行独立创作。因此，在进行独立创作之前，学生应对语类结构、写作主题的特点等有较好的把握，并掌握写作所需要的词汇、语法等知识。如果教师发现学生尚不具备这些能力，则不应将教学引入这一阶段，反而应重复之前的一些教学活动，以确保学生真实地具备了独立创作的能力。当学生可以依赖自己的力量进行创作时，教学过程即进入独立创作的阶段。此时，教师应注意自己角色的转变，即从帮助者转变为点评者。

在独立创作语篇的阶段，教师可开展下面一些教学活动：由学生进行独立写作，教师在语法模式、框架结构等方面进行引导。学生结成对子，互相评价对方创作的语篇。当学生的语篇不符合要求时，应安排学生校改、整理或编辑，必要的时候还应重写。评价学生的语言表达，对拼写、语法、框架、主题等进行重点关注。

①教授学生核心写作策略

在功能语言学指导下，教师还应教授学生一些核心写作策略，以帮助学生更好地进行英语写作。

选题构思策略。构思是写作的基础，是指对文章的大体结构进行安排。构思就是要确定文章的结构布局，也就是思考如何开头、如何展开、如何过渡以及如何结尾等。

思绪成串式。思绪成串式构思就是学生将写作主体写在一张纸的中间位置，并画上圆圈，之后将所想到与主题相关的词都写下来，画上圈，然后总结归纳这些关键词，据此确定最终的写作思路。

自由写作式。自由写作式是指学生看到文章题目之后，在大脑中进行思考，并将思绪无限拓展，将所想到的观点和信息都记录下来，然后再返回阅读所记录的内容，从中选取认为有用的信息，剩余的则可直接删去。

五官启发式。五官启发式构思是指学生从看到的、听到的、闻到的、尝到的、触摸到的几个方面去思考和搜寻与主题相关的信息。但在具体的写作中，这几个方面没有必须要全部涉及，可根据具体情况有所取舍。

②开篇策略

文章的开头对于文章而言十分重要，如果文章开头十分精彩，将能有效吸引读者的注意力，并引导读者继续阅读。因此，在英语写作教学中，教师应向学生介绍几种常见的开篇方式。

开门见山。英语文章通常以开门见山的方式开头，也就是在文章的一开始就点明主题，明确观点。这种开篇方式能让读者一开始就对文章的中心主题一目了然。

下定义。当学生需要对某一概念或事物做明确的解释时，可运用下定义的方式来开篇，这样能够帮助读者理解文章内容。

故事引入。为了提高文章的吸引力，激发读者的阅读兴趣，学生还可以通过描写故事的方式开篇，并以此引出下文。

提问式。这种方法就是通过提问的方式开篇，以激发读者好奇心，吸引读者的注意力。

③段落展开策略

在开篇之后就需要一步步展开文章，文章段落的展开方式多种多样，常见的有以下几种。

按时间展开。按时间展开就是按照事件发生的先后顺序来记叙一件事，即先发生的事情先写，后发生的事情后写。

按空间展开。按空间展开就是文章依照一定的空间方位展开说明，如从上到下、从左到右等。

按分类展开。按分类展开常用于说明文中，通常是将要说明的事物按其特点进行分类，并逐一说明。

按因果关系展开。按因果关系展开主要有三种形式：一是按原因展开，即文章开头先描写结果，然后再分述其原因；二是按结果展开，即文章先给出结果，然后再叙述其原因；三是文章既分析原因又分析结果。这种段落展开方式常用于说明文中。

④结尾策略

好的结尾能够对文章起到画龙点睛的作用，所以英语写作教学中教师应让学生重视文章结尾，并向学生介绍几种常见的结尾策略。

总结式。总结式是最为常见的一种结尾方式，即在文章的结尾处对全文进行总结概括，以加深读者的印象。

展望式。这种结尾方式是指在文章的结尾处表达对将来的期望，能有效增强文章的吸引力和感染力。

建议式。如果文章是就某个问题进行的讨论，那么在结尾时就可以采用建议式，即在文章结尾处提出建议或解决方法。

警示式。警示式是指根据文中的论点，在文章结尾处解释问题的严重性，以引起读者的重视和思考。

总体而言，在功能语言学理论的指导下，教师应明确英语写作教学中的问题，进而采用有效的教学方式解决这些问题，并提高英语写作教学的效率，最终提高学生的写作水平。

三、基于系统功能语言学视角的英语口语教学研究

随着现代语言学理论的发展，人们开始注重对口语的研究。因此，口语教学也受到了研究者的关注。由于系统功能语言学在多方面迎合了口语的特点，所以越来越多的研究聚焦于系统功能语言学在口语教学中的应用。

（一）口语教学简述

1. 口语表达

作为传递观点与思想的重要途径，口语表达是一个复杂的思维过程，具体包括以下三个过程。

（1）从听到说的过程

外界的言语刺激信息通过人的视觉和听觉进行感觉登记，并由神经元传导给短时记忆。如果语言结构与语言信息能够在短时记忆的基础上得到复现，那么短时记忆中的言语刺激信息就能通过长时记忆的方式贮存下来，语言的输入过程就完成了。当说话者要表达情感、观点、思想的时候，就会从长时记忆中将意义相关且用法适合的词语调出来，并依据头脑意图、自己的语言理解能力和对语言规则的掌握程度进行装配、组合。然后，这些经过加工的信息会被转换成语音串的形式，话语就形成了，语言也就完成了输出。无论是学习哪一种语言的口语，都要建立在听的基础之上。听是说的准备和前提，只有在听的方面做足了准备工作，学生才能有效地开展说的学习活动。所以，在具体的英语口语教学中，教师应注重先听后说，以听带说。

（2）从不自主到自主的过程

在奥尔莱特（Allwright）和贝利（Bailey）看来，学习者的英语学习与使用过程是一个从不自主到自主的过程。口语学习的过程就是一个典型的由自主到不自主的发展过程，只是过程的长短可能会因性格差异和努力程度的不同而有所不同。

在英语口语学习的初级阶段，学生总是习惯将取点放在语言形式上，很少关注语言的实质内容。即使是在日常交际中，学生也通常是比较关注对方说的词句，很难注意对方所说的内容。当然，随着口语表达经验的不断积累、对交际环境的适应、习惯的养成以及不懈的努力，学生的口语就可以从不自主状态转化为自主状态。当学生的口语达到自主状态时，注意力主要集中于自己所说的内容和对方所说的内容上，而不是语言形式。

说话者在交际过程中的自主感觉主要受两个因素的影响：一是说话者的语言水平，二是说话者当时所处的心理状态。自主和不自主关系到学生是否进入了英语交际情境的问题。如果进入了英语交际的角色，学生就会轻松自由地进行表达。他们更注重意思的清晰表达，基本上不在乎语法规则。就这个意义而言，自主也是相对的。教师要遵循口语表达的心理规律，创造与学生实际语言水平相吻合的情景，这样才能让学生进入英语交际的角色，学生经过不断实践，就能够形成固定的自主感。当学生的自主感固定下来之后，这种自主感又会反过来进一步提高学生的整体心理素质，进而形成良性循环。

（3）从想要表达到表达清楚的过程

人总是在受到一种动机支配才会产生口语表达的念头，然后他便会关注口语表达的内容，最后将想说的内容与言语的表达形式联系起来。言语就是这样产生的。莱维勒（Lcvelt）认为语言生产的过程一般要经历构思概念、组织语言、发出声音和自我监控四个环节。其中，构思概念主要指计划要表达的内容；组织语言主要是指寻找合适的语言材料；发出声音主要是指运用发音器官，把前面两个环节中做出的决策付诸实施，把无形的思想变成可听的声音；自我监控主要是指观察、调整自己生成的语言。

系统功能语言学的一些学者曾经提出将语言学研究应用于实践，所以，语言教学与系统功能语言学的结合就显得非常必要了。听力的对象归根结底还是语篇，因此系统功能语言学就能够在听力教学中加以应用。语境是口语交际必须考虑的重要因素，而语境理论恰好是系统功能语言学的重点理论，因此将系统功能语言学应用于口语教学就不足为奇了。这里重点探索功能语言学指导下的听力与口语教学。

2. 听力教学

听力是一项重要的英语技能，所以听力教学也是英语教学的重点。目前的英语听力教学存在一些明显的弊端，而用功能语言学指导听力教学就能在一定程度上减少弊端。

（1）听力理解

何为"聆听"？众多专家学者对"聆听"的理解不尽相同。

外语听力是一个主动利用各种语言和非语言因素去辨认声学信号过程。

沃达克（Ruth Wodak）指出，听力理解具有主观能动性。

罗斯特（Michael rosi）认为，学者们对听力的界定涉及转换型、建构型、接受型和协作型四种取向。转换型认为"聆听"是听者通过参与、想象和移情等方式创造意义，建构型认为"聆听"是在建构和表征意义，接受型认为"聆听"是接收说话者所讲内容并对其进行解码，协作型认为"聆听"是听者与说话者磋商意义并做出反馈。

聆听包括语音分割、语调理解、句法分析、语境理解等过程，听力理解受口头话语、非语言声音输入、视觉输入、先前知识和语境的影响。他们进一步指出听力和阅读的不同点主要体现在以下四个方面。第一，听力的处理和反馈都是即时的；第二，听力是一次性的；第三，听力具有速度特性，如音的同化；第四，听力具有丰富的韵律特点，如轻重音、语调、节律、大小声等变化。

根据信息传输的方向，聆听可以分为单向听力和双向听力。单向听力是指听者接收到听觉的输入，但没有互动的环节。双向听力是指"听说"，就是听者接收到听觉输入的同时，进行反馈和互动。跟单向听力比起来，一方面双向听力由于听者可要求说话者重复、解释，它相对容易些；但另一方面，由于双向听力中听者必须对输入信息进行即时处理，做出反馈，这种时间压力又使得它相对困难些。在听力教学中，教师对两种听力形式的训练必须并重。

（2）听力理解的本质

从听力理解的本质上说，它既是自下而上的意义解码过程，又是自上而下的意义阐释过程，还是二者结合的过程。

①自下而上的意义解码过程

听者面对连续的语流，需要分辨其中的词汇，因为词汇是语言中最小的意义单位。词汇辨认具有回顾性和前瞻性，说它具有回顾性，是因为听者需要将听到的词汇和已有的词汇建立联系，从而激活已有词汇。说它具有前瞻性，是因为对一个词汇的辨认是以在它之前的词汇为起点，按照句法和句意，从认知上对语言信息进行预先处理。听力和阅读不同，在听力过程中听者无法获得视觉信息，只能借助词义关系来辨认词汇，并且还受母语的干扰。自下而上的意义解码过程包括两个子过程，一是对话语中的词汇的音素进行察觉，二是对听到的句子进行节奏划分。其中，察觉音素是首要的环节。

察觉音素。人类与生俱来的神经元网络可以对所听到的信息的音频进行辨析，从而可以实现察觉音素的目的。由于英语有着复杂的语言系统，并且和汉语属于不同的语言体系，这就给察觉音素带来了困难。例如，英语连读的音节一般不用重读，只是自然地过渡。因为连读，听者就更加难以区分单词之间的界限，有可能会将前一个单词辅音和后一个单词连起来听成一个新单词，从而造成误解。再如，如果一个重读音节以字母 t 结尾，而其后的一个单词以元音开头，在朗读时 t 的发音似乎和音素 d 很接近，很难分辨。

所以，即使听者在英语口语中不运用这些规则，也要做到心中有数，这样有利于听力过程中的音素察觉。

划分节奏。在辨认词汇时，还涉及节奏的划分。划分节奏是指听者按照英语语言的读音规则，将听到的话语切分成单词，以便正确地处理词汇和建构意义。人类生来就获得了切分母语的技巧，他们先将语流切分成不同的语法组块，然后再切分成单词。这些切分技巧会随着语言学习过程的推进而变得越来越自动化。以英语为母语的人在划分节奏时遵循以下两个原则。第一，重音是实词出现的标志。在英语中，大概有90%的实词在第一个音节上出现重音；第二，在语流中，每出现一个意义单位就会停顿，而大约每隔2～3秒钟会有一个意义单位。但是，上述切分技巧可能不适合于所有英语，这必然会给听力理解带来困难。事实上，不管是什么年龄的学生，如果科学地进行听力训练，都会使自下而上的意义解码过程变得更加顺利。另外，教师也要传授英语的语音特点，帮助学生更加熟练地辨认词汇。

②自上而下的意义阐释过程

自上而下的意义阐释过程是指听者利用已有知识，判断听到的内容并且预测即将听的内容。储存在大脑中的已有知识由相互连接的结点组织起来，在听到某些信息时，听者可以激活与之相关的结点，如词汇、意象和概念等。在这个过程中，图式和语境是两个非常重要的因素。

图式的重要性。储存在学生大脑中的已有知识就是图式，它是动态变化的。当人通过听觉接收到各种新信息之后，这些新信息就和已有的旧信息发生相互作用，从而新的图式就形成了。图式的不断建立是学生理解输入信息的基础条件，同时是信息得以丰富的过程。

语境的重要性。在听力过程中，图式的不断建立也有可能使听者误解对方的意图。例如，当学生听到turn这个单词，就会激活与turn有关的图式；turn可以形成很多搭配，它既可以表示动作，也可以表示变化。所以，听者不能仅仅依靠图式来进行听力理解，还必须依据上下文所提供的信息。听者只有激活与句子有关的知识并且结合语境，才能真正理解句子的真实含义。

综上所述，以上两个过程相互作用、相互影响，我们强行将二者区分开来是没有意义的，但也要明白听力理解的障碍来自哪个过程。听者可以通过"自下而上"的意义解码过程和"自上而下"的意义阐释过程获取重要信息。

(3) 听力理解过程的特点

听力理解过程具有以下特点。

情景制约性。既然"听"是日常交际的一部分，那么它必然以特定的时间、地点和状态为背景，因此听力理解的情境对话语的意义起着决定性的意义。

及时反馈性。在日常交际的听力理解中，听者会给予及时的反馈。即使听者没有听明白或者有异议，都必须给予一定的反馈，这种反馈可以表现为表情、肢体语言等形式。

短暂性。听力理解过程中所听到的信息是转瞬即逝的，所以听者必须在当时就清楚地听到信息，否则没有挽回的余地。因此，学生在听力理解的过程中必须集中所有注意力。

听说轮换性。由于人际交往的互动性，日常交际中的听者同时也是说话者。听说轮换性是指听者为了争得话语权或者自我表达而变成说话的一方，此时他们不是为了获得清晰的理解而积极地参与语言交际。

同步性。在听力理解过程中，"听"总是伴随着"说"，二者是同步出现的。"听"的存在必然可以推断出"说"的存在，但是反过来就不成立。所以，"听"是建立在"说"的基础之上。

即时性。日常交际中的听力理解是自发的、即时的，不能被事先演练。在听力教学中，教师要培养学生对这种即时活动的适应能力，在关注听力过程本身的同时学习听力技巧。

(4) 听力理解中语言的特点

听力理解中的材料来自真实的交际情境，所以它的语言比较口语化。

词汇和语法口语化。在听的过程中，听者常常听到非正式的词汇和语法。这种非正式性表现在词汇方面，就是功能词的大量使用，如介词、冠词、be动词、助动词、连词等。词汇的非正式性还体现在高频词、方言、俚语等的使用，因此听者常能听到 a lot、forages guy 等词汇。非正式性表现在语法上，就是指交际双方将大部分注意力放在自己表达的内容和意义上，因此就会忽视语言的语法，所以常常说出不符合语法规则的语言。另外，交际者为了简洁、省时，还常常省略句子中的某些成分，如果听者不结合语境，就难以理解。

语音变化复杂。英语听力理解是以声音的形式输入信息，其声音并不总是清晰可辨的，而且听力中的语言在语音上又存在着非常复杂的变化。语音变化虽然具有系统的规则，但是这些规则比较复杂。

传递信息的意义单位较小。在听力理解的材料中，意义单位常常是两秒钟或七个单词的长度，其中含有一个或多个命题，并且每个意义单位都有各自独立的升降语调，通常以降调结尾，停顿也经常出现。另外，从意义单位的结构上看，意义单位常常由名词短语、介词短语或者动词短语构成，并存在省略现象。

冗余度高。有研究表明，英语听力语言往往有着较高的冗余度，大概是60%～70%。人们在日常交际中为了使对方能够清晰地理解自己的意思，通常采用信息叠加的方式，包括词语重复、语义重复以及信息或话题重复等。除此之外，听力口语中的冗余现象还包括停顿、犹豫、口误、纠错以及使用填充词等。利用语言的冗余，交际者能创造缓冲时间，以思考或纠正语言错误以及补充信息。

（5）听力理解中所需知识的特点

大体来讲，听力理解需要三大类知识：语言知识、语境知识和语用知识。其中，按照一些学者对知识的分类标准，语言知识是陈述性知识，而语境知识和语用知识是程序性知识。

①英语语言知识包括语音知识、韵律特征知识、词汇和语法知识以及语篇知识。

要想提高听力理解能力，学生首先需要掌握的就是英语语音知识。语音知识包括音标、语音的特征、语音环境特征、重读和语调等相关知识。英语语言的韵律特征知识是指与重音、语调和节奏等相关的知识。重音包括单词直音和句子重音，单词重音是指一个单词中重读某个音节，句子重音是指在一个句子中重读某些单词。

英语的语调有升调、降调、升降调、降升调以及平调五种。语调可以表明说话者的态度和立场，所以它是有意义的。节奏是指句子中各个音的轻重和快慢的变化。英语的重读音节与非重读音节在轻重、快慢上存在着明显的差别，由此形成了英语语流的节奏。一个重读音节到另一个重读音节有着几乎相等的时间跨度，重读音节对说话的速度起决定性作用。这就导致一个以重读音节为核心的节奏群中包含的非重读音节越多，这个节奏群里的每个音节就读得越快，那些非重读音节就越含混。

在听力理解中，单词的辨认和语法特征的了解非常关键。对于单词的辨认，首先要对句子中的词语进行切分。另外，还可以通过节奏来切分词语。在辨认单词之后，如果学生依然不理解所听到的信息，就必须借助其他手段来弥补，如猜测词义策略等。听力口语有其独特的语法形式，主要包括以下几个方面：第一，中心语成分一般位于句首以促进听者对话题的确定；第二，位于句末的成分一般与之前的代词相互照应；第三，省略现象非常普遍；第四，英语中存在一些话语标记，如 anyway、so 等；第五，情态动词的广泛运用。语篇是个比较大的意义单位，不和句子并列。对于语篇的类型和衔接手段，学生要非常熟悉和了解。

②英语语境知识可以分为情景语境知识和文化语境知识两种。情景语境知识包括两个方面：一是交际发生的物理环境，二是意义表达所依据的上下文。物理环境对话题有着决定性的影响。例如，发生在医院的交际语言通常是关于医生、病人和病情的，发生在商店的交际语言一般是关于购物的。上下文语境对于语言意义的理解也起着关键性的作用。首先，某个单词在不同的上下文中可以表达不同的意义，如 loud music 中的 loud 表示"吵闹的"，而 a tie with a loud pattern 中的 loud 表示"花哨的"。另外，上下文语境促使语义网络的形成。例如，当学生听到 fire engine 这个短语时，就可以联想到 fire、red、truck、fireman 等，而这些词又能使学生联想到与其相关的另外一些词语，通过这样的不断联想，就构成了一个庞大的语义网络。在交际过程中，交际者借助各种主观和客观因素来表达特定的意义，如时间、场合、话题以及交际者的身份、心理状态、文化背景、交际目的、交际方式以及肢体语言，这就是文化语境知识，它主要体现在以下三个方面：具有文化内涵的词语，英语国家的社会风俗和生活习惯，英语习语。

③英语语用知识

掌握一定的语用知识对于听力理解有着举足轻重的作用，这就要求学生要理解会话含义。在日常会话中，人们有时候不会直接表明自己的观点，而是通过暗示让对方明白自己的意思。因此，会话包括"直说的内容"和"含蓄的内容"，前者是字面意义，后者是实际用意，二者之间常常有一定的距离。举例如下：

A：Are you going to see the movie tonight？

B：I have an exam tomorrow.

在上述例子中，B没有对A的提问进行正面回答，然而A已经明白B不想去，因为A知道考试明显比看电影更加重要。所以，听者需要根据常识、双方已知的信息和推理能力去理解日常交际中的会话含义。

3.英语听力教学中存在的问题

虽然当前我国的高校英语教学改革取得了一定的进展，但高校英语听力教学中仍然存在很多问题，这些问题致使教师很难顺利、有效地开展英语听力教学。

（1）客观条件方面

①教材方面的问题

教师不能忽视教材在听力教学中的作用。一本好的听力教材不仅能为学生提供最佳的语言材料和实践活动，还有利于开阔学生的视野，促进学生语言综合运用能力的提升。听力教材的高质量取决于它的"可教性""可教性"要求教材既符合不同阶段的学生的认知水平，也易于教师课堂操作。但目前英语教学所使用的英语听力教材相对比较陈旧，缺乏开放性，无法很好地体现最新的教育思想；内容编排不符合学生的认知发展规律，从而严重阻碍了听力教学的顺利开展；更新周期较长，缺乏层次性和多样性，不能体现快速变化的时代特征。

另外，教材的选用方面也存在一些问题。不少教师在选用教材时不注重听力材料的真实性、交际性和实效性，并且所选择的教材在题材、体裁上都缺乏多样性，这就严重制约了听力教学方法的选择和优化。

②听力环境方面的问题

听力环境问题主要表现为不良的客观听力环境以及缺少自然语言运用的环境。

客观环境对听力教学有着而要的影响，包括外部环境与硬件设施条件。我国目前很多学校的听力设备陈旧老化，教室外经常有噪音，学生离声源过近或过远，这都会直接或间接地影响听力教学的开展。因此，教师应该尽可能地创造条件，使学生在良好的听力环境中进行听力训练，如运用语音室、多媒体等，以此来帮助学生专心进行听力学习。

在我国，英语是被作为第二语言来学习的，因而教材是学生进行英语学习的主要语言材料来源，课堂则是英语学习的主要场所。这样就导致英语教学缺少了自然语言运用的环境，听力教学也会受一定的影响。学生从课本上学到的英语都是规范英语，教学过程中教师也没有注重发展学生在不同语境中运用语言的能力。在课堂上，虽然教师基本上使用英语教学，但在讲授过程中，为了让学生听懂或跟着朗读，教师总是放慢语速，尽可能地把每个单词甚至每个音节都读得十分清楚，从而使语流失去了正常的节奏。在日常生活交际中，学生也时常会遇到各种不规范的语言现象，同一个意思会因地区和说话者的种族、年龄、社会地位等的差异而产生不同的表达方法，这些语言现象都会对只接触到规范英语的学生造成听力理解的障碍。

（2）主观方面

①教师方面的问题

对教学大纲的执行有偏差。我国当前各阶段的英语教学大纲对于听力教学都做出了明确的规定，但大多数英语教师过多地关注教学大纲所规定的词汇量的要求，而忽视了英语听力教学，因此很容易在教学中出现阅读、听力教学活动安排不合理的现象。

另外，不少教师不善于分析、把握教材目标，而只注重完成教材的听力练习。如果教材上的听力材料太难，教师就会自动降低其难度，虽然这种做法从某种程度上有利于听力教学的顺利开展，但实际上违背了听力教学的目标。在应试教育的大背景下，不少教师把教学目标最终锁定在通过英语应用能力考试（A、B级）、通过大学英语四六级考试上，这在很大程度上制约了教师对听力教学活动的合理安排。

教学方法不完善。听力教学方法是提高听力教学质量的法宝，课前的适度引导就是一种重要的听力教学方法。有些教师在听前不做任何相关引导，就直接播放听力材料，要求学生完成听力任务。由于学生本身对话题也不熟悉、不了解，在这种情况下，很难顺利完成听力任务，从而产生挫败感，丧失听力学习的积极性。而有的教师走向另一个极端，他们习惯性地在听前解释和说明所听材料的生词、句型和前后逻辑关系，这种过度的引导使学生根本不需要认真听材料就可以选择正确的答案，听力训练沦为摆设或是走过场。适度引导要求教师要把握一个度，不能不引导，也不能引导过度。

②学生方面的问题

学生方面存在的问题主要包括听力习惯不良、心理负担重。

很多学生往往因为缺乏这种逻辑思维能力而养成一些不良的听力习惯。听力理解过程就是学生对听力材料的内容进行联想、判断、记忆、分析、综合的过程，这种逻辑思维能力的运用程度决定了他们对所听材料做出的反应程度以及准确度。例如，学生在进行听力训练时，由于缺乏利用非言语提示、借助上下文进行推理的能力，常常因为某一个词、某一句话没听懂，就停下来苦思冥想，结果影响了后面的听力内容，错过了掌握大意的机会。这对于听力能力的提高都会产生不良影响。

在英语听力课堂上，有的学生一听说教师要播放听力，就会焦虑紧张，大脑一片空白；有的学生由于成绩不好，缺乏自信，甚至产生自卑心理；还有的学生存在羞怯心理，害怕教师或同学知道自己的不足而不敢开口说。长此以往，这种压抑的心理状态必然导致学生的学习情绪不佳，英语听力水平也得不到有效提高。

4. 英语口语教学中存在的问题

在当前的跨文化语境下，口语能力就显得更加重要。但是，我国实际情况和口语教学的目标相去甚远。英语口语教学面临以下问题。

（1）资源和环境的缺乏

①教学材料稀少

国内现有的英语教材大多按精读、泛读、快速阅读、听力等单项技能分册发行，很少有专门的口语教材。口语训练一般依托于听力训练，这样的练习活动在内容上比较简短而且缺乏系统性。这不符合口语在日常交际中的分量，并且使学生在思想上轻视口语学习。市场上为数不多的口语教材中，难以找到真正有效、实用的样本。有的教材只是针对某一特定专业、领域，难度极大；有的教材只涉及简单的问候、介绍等日常用语，因为过于简单而无法满足社会各领域对相应口语的要求。

②英语语言环境的缺失

任何一种语言的学习都需要充分的语言环境，英语对于我国学生而言是一门外语，目前我国还很缺乏外语学习的语言环境。无论是课上还是课下，学生接触英语的机会都相当少，学生在这种环境下想要学好英语口语当然非常困难。没有充分的英语语言环境，学生既没有学习英语口语的机会，也没有将英语口语付诸实践的机会。

第一，教师在英语课堂教学中基本上都是使用，汉语来授课，很明显汉语使用的频率远远大于英语。所以，英语课堂就是一个英语环境缺乏情境。

第二，在课后，无论是教师还是学生，大多时候都习惯使用汉语作为交流的工具。所以，英语在日常生活中的复现率很低，显然课后也是缺乏英语语言环境的。

③口语评估制度有待改进

评估是教学中不可或缺的一个重要部分，其可以对教学过程进行监督，对教学结果进行衡量和判断。评估必须是以教学目标为指导，教师根据评估结果来调整自己的教学。就国内的英语教学评估制度而言，笔头测验仍然是最常用、实施范围最广的一种评估方式。例如，大学英语四六级考试以及学校里的期中、期末考试都采用笔头测验的形式，并且这种笔试已经实施了相当长的时间，也已经形成了较为成熟的形式。而口语水平的评估却还处在起步阶段，这是因为口语考试难以实施与操作。具体地说，就是口语评估很难准确地把握口语测试材料的难易程度，难以衡量考试形式的信度与效度，无法避免口语测试中考官的主观倾向等问题。尽管如此，我们要想切实提高我国口语教学的质量，还需要建立科学、可行的口语评估体系。

（2）教学主体的问题

①教师方面的问题

第一，教学目标不明确。有的教师授课的教学目标不甚明确。有的教师虽然在教案中明确了要提高学生的门语能力，但在具体的课堂上对于提高学生哪个方面的口语能力、哪些活动是针对口语能力的提高而设计等细小的目标却没有清晰的认识。还有的教师的教学目标没有连贯性、系统性，他们虽然在教案中非常明确要提高学生哪个方面的口语能力，并含有口语活动的设计，但与前后课堂的教学目标没有充分的相关性，也就是说教学目标缺乏连贯性。

第二，教学方法不新颖。在实际的英语教学中，大部分英语教师仍然过于热衷于讲解词汇和语法而忽视口语训练；而学生在上课时忙于记笔记，课后则忙于背语言知识，忽视了口语练习。在口语教学中，教师也习惯性地采用传统的"讲解—练习—运用"的教学模式,讲解一些日常用语、句型等口语知识,并配以大量机械的替换、造句等练习,对于口语策略则没有进行足够的讲解。教师在整个教学过程仍然起主导作用,学生还是处于被动接受的地位。在这样的教学模式下,学生只能被动地接受教师所讲授的内容,而不能成为课堂上主动的学习者。这种过分重视词汇和语法知识、强调教师"霸权"地位的教学方法致使学生语言交际能力的低下,很多学生读写尚可,听说困难,有的学生甚至直到高校毕业都不能流利地说英语。

第三,没有充分发挥语言示范作用。教师自身的口语素质在口语教学中是非常重要的一个因素。对于英语口语教学而言,教师本身就要具备较高的口语水平和较强的口语交际能力,才能充当学生的交际典范。而且大部分学生也都希望能通过教师接触更多"原汁原味"的纯正英语。如果教师自身的英语口语不纯正、不地道,就会导致学生的口语不准确、不地道。我国的英语教师很多都没有去过以英语为母语的国家学习英语口语,他们讲的英语难免有语音和语调不准确的地方,也有不自然的地方。再者,我国的英语教师都是来自全国各地,他们当中很大一部分都带有自己地方的口音,这使得他们讲的英语都有浓重的方言味道。

第四,没有正确地对待学生的口语错误。教师纠正学生在学习中出现的错误是很正常的情况,而且大部分学生也都希望教师能够对自己在交际中存在的错误进行及时的纠正。然而,如果教师的纠错方式不合理,会对学生的口语学习造成不利的影响。例如,有些教师的教学策略不妥当,他们总是不厌其烦地纠正学生犯的每一个语言错误,而不管这些错误是否影响日常的交际和理解,实际上这种做法非常不妥。因为语言错误是英语学习过程中的必然现象,如果教师时刻注意学生的这些错误并加以纠正,一方面可能会打乱学生的正常思路;另一方面挫伤了学生的自尊心,使其总是担心自己说错,最终使学生失去口语表达的勇气。因此,对待学生的口语错误,教师应该抱着宽容的态度,具体情况具体分析。纠错的结果应该是学生在意识到自己错误的同时,也提高了学习口语的积极性。

②学生方面的问题

第一,忽视英汉差异。英语和汉语的差异,既体现在语言上,也体现在思维上。

在语言上，汉语口语的表达方式一般表现为，"主语—谓语—宾语"；而英语会在口语中加入一些名词、助词，用于修饰，使语言逻辑更加通顺。然而很多学生认为英语和汉语其实并没有明显区别，往往会把汉语的语言表达方式运用到英语中去，这样就导致了"中式英语"的出现，往往会词不达意，给双方的交流带来不便。

在思维上，汉语是螺旋型思维、整体型思维，而英语是直线型思维、分析型思维。我国学生在学习英语的时候普遍存在这样一种情况，即当他们用英语和别人进行交流的时候，总是倾向于将别人的话语先在大脑里翻译成汉语再进行语义理解，然后将自己想要表达的意思用汉语在大脑里组织好，最后将自己的意思翻译成英语表达出来。这就是学生对汉语形成的依赖思想，因为学生还没有形成英语思维，也就是没学会用英语思考的方式和用英语表达的方式。当学生和以英语为母语的人进行英语对话时，他们之间的交流必然会出现一些尴尬的地方或者障碍。

第二，害羞心理。对于英语口语的学习，一些学生存有害羞心理。所以，学生在面对社会对他们的口语要求时，一时还不能完全适应，表现出自信心的缺乏，从而尽量避免用英语进行交流。即使是在教师的强迫要求之下，他们对口语实践也存有害怕心理，总是带有或多或少的紧张感。他们越是害怕用英语交流，就越不能提高英语口语能力，而英语口语能力差进一步导致他们害怕英语口语，这就形成了一个恶性循环过程。

（二）功能语言学指导下的英语口语教学模式

1. 交际法听力教学模式

交际法听力教学要求教师课前备好课，写好教案，做好充分准备，要让学生有心理准备。听前作预测，听中完成任务，听后扩展练习。交际法听力教学过程大致分为三个阶段：听前阶段、具体听的阶段、听后阶段。在运用交际法听力教学模式时，需要注意以下几方面的要求：

（1）对教学材料的要求

真实性。交际法听力教学的听力材料应具有一定的真实性，真实的材料能激发学生的兴趣，让学生对自己的角色有更加清晰的意识，从而更好地吸收语言内容。

非正式性。以英语为母语的人说话时，通常用语地道，喜欢停顿、重复。

第四章 英语翻译的功能语言应用

交际法对听力教材的要求是口头语言多,句子不但完整且较短,多数属于非正式语言。

多样性。交际法听力教学要求听力材料在口音、类型、题材、练习上均具有多样性。其中,多种口音能较好地训练学生的语感;多种类型的听力材料包括原版电影、故事演讲、电视录音片段、对活等,既能满足学生的视觉,又能满足学生的听觉;多种题材能够开阔学生的视野;多种练习形式包括听后复述、听后演讲、听后辩论、角色表演等,这样能吸引学生的兴趣,激发他们的创造性,让他们在一个较真实的语境中练习听力。

(2)对听力技能训练的要求

运用交际法指导听力教学,就要指导学生进行听力技能训练,听力技能的掌握对培养学生的交际能力和提高学生的听力能力非常关键。

①对听力技能训练措施的要求

明确听力目的。在听的过程中,学生应将注意力集中于某个具体信息,这样才能避免来自多方面的信息干扰。注意力的选择与听的目的有很大的关联,弄清楚听的目的,也就是预测该材料的大意。所以,树立信心、集中注意力并经常坚持听力练习是保证提高听力水平的有效技能之一。

②注意语音解码的练习

语音解码能力是听力能力的基础和起点。语音解码包括对音节、重读、连读、意群、节奏,以及语音、语调等方面的解读。这些因素都会对听力理解带来负面影响,所以教师在平时的教学中要加强语音层面的教学,学生也应注意积累,可采用的训练活动包括模仿、重复,听后找出弱读、节奏、意群等。

③养成记笔记的良好习惯

记笔记的锻炼形式常用的有定点定时听写、复式听写、信息表、填图、填词等。

④猜测词义训练

在听力练习中,词义的猜测能力也是一种必须掌握的能力。教师应该教会学生如何根据一些提示或隐藏信息来猜测词义,可采用的训练活动包括用英语解释相似词义、对上下文进行提问、帮助学生理解目标词汇、匹配练习、猜测新语境中单词的意思等。

⑤加强对大意理解能力的训练

大意理解是听力理解的核心技能之一，要求听者能够综合所听信息来判断该材料所反映的主题、话题。对大意理解能力的训练，教师可以采用的训练活动包括听后写标题、写听力材料的概要、听后选择恰当标题、判断正误等。

⑥注重细节理解能力的培训

细节理解是重要的听力技能之一，细节理解的表现形式多样。细节训练的方式种类很多，如数字信息、语调信息、重复强调的信息等。在教学中，教师可以采用的训练活动包括完型听写、听写要点、听后画画、正误判断、听后回答问题、根据听力进行句子排序等。

⑦推论推理训练

推理推论包括理解事物的主要含义、说话者的态度以及言外之意。教师可以采用的训练活动包括听后讨论、听后回答问题、听后判断正误、听后匹配等。

（3）对听力技能策略优化的要求

听、说结合，读、写相辅。听和说是英语教学中不可分割的两个部分，听是说的基础，说是听的扩展。精听、泛听相结合，这样学生才能更清楚地辨别主次，就不会在所有的听力内容上平均用力。

采用合作学习法。交际法听力教学证实了合作学习的有效性。让学生组成听力小组，不仅使学生对听力更感兴趣，而且培养了学生的团队精神。

正确引导学生进行课外泛听练习。对于泛听的听力材料，首先要语速适当，其次还要贴近生活，不要偏离现实生活。

欣赏英文歌曲或原版英文电影。让学生欣赏原版的英文歌曲和学唱英文歌曲，可以有效提高听力能力。原版英文电影欣赏，对学生的语感、听力能力、口语能力都有很大的促进作用，是获得二语习得行之有效的方法之一。

2.体裁法听力教学模式

体裁教学法被越来越多地应用到高校英语听力教学中，主要分为四个步骤进行，分别是语境创立、解构和建构语篇、独立分析以及模仿使用。

（1）语境创立

体裁法听力教学模式的第一个重要步骤就是语境创立。在这一阶段，教师指导学生分析语境的两个层次，进而使学生获得语境知识。语境知识的获得成为后续语言知识习得的基础。语境的两个层次：一是与体裁相关的文化背景，用研究某一体裁的社会目的和社会定位来区分不同体裁类别；二是情景背景，与语域相关，语域又受语场、方式和基调的制约，其中语场是指文本与什么相关，方式即交流的渠道，基调即语篇制造者与语篇参与者之间的关系。

语境创立是一种大概的背景知识介绍，为即将开始的文本知识获取设定基本的情景。具体到英语听力教学中，这一步要求教师对听力材料进行详细的分析，包括文化和语言两个方面的分析。在文化方面，教师有必要对与听力材料体裁有关的社会、历史、风俗习惯等背景知识进行分析，使学生对这些背景知识有个全面的了解。在语言方面，教师要分析体裁的图示结构，以使学生对这类文章的写作过程与特点有一个整体的了解，这也是教学过程的一个重点。

（2）解构和建构语篇

这是体裁法听力教学模式的第二个敢要步骤。教师通过语篇模版来介绍语篇类型，着重强调语篇的社会目的及其是如何通过图式结构和语言学特征实现的。学生将在有目的性的语言使用中获得语法知识。解构活动贯穿在整个文本中。

教师与学生共同完成关于同一语篇的构建。教师和学生一起商讨意义，学生开始尝试构建语篇直到可以独自操作。在本环节中，教师可将学生分为若干小组，播放同一题材的材料，然后让学生在小组中讨论这些材料的结构、语言特点等。其主要目的在于增加学生的参与程度。学生只有参与到活动中来，才能积极主动地进行思考、学习，从而对语篇形成一个深入的理解。

（3）独立分析

这是体裁法听力教学模式的第三个敢要步骤。小组讨论结束后，教师可让学生听某一题材的一篇典型范文，然后要求学生模仿教师在第一步骤中使用的方法，对语篇的文化和语言两个方面进行分析。这一步骤改变了教师垄断课堂的局面，为学生提供了充分思考的机会。

（4）模仿使用

这是体裁法听力教学模式的第四个重要步骤。学生通过自主分析掌握了材料的体裁特征后,教师可根据交际目的,选择社会公认的模式,让学生使用英语进行有效的交际,使学生在实际运用中牢牢掌握所学题材特征,学以致用。在具体的教学过程中,教师可根据实际情况对以上步骤进行调整,以取得最佳的教学效果。

实践证明,在高校英语听力教学过程中运用体裁教学法,通过对文章体裁、语境、文化背景、结构和语言特点的分析,可使教师掌握相对稳定、可借鉴的模式,全面地理解文章,可有效提高学生的听力水平。此外,从长远来看,体裁教学法还能开发学生的创造性思维。

3. 体演文化法口语教学模式

语言即文化行为,学习语言就是演练目标文化。体演文化教学法为学生提供真实的语境,使学生通过亲身体验获得文化知识。体演文化教学法运用于英语口语教学中,要求教师引导学生扮演不同的角色,以此形象地复现课文的内容。

(1)教学特色

体演文化法口语教学模式注重在课堂教学中进行文化演练。教师可以借助有感染力的话语、现代教育技术,创设生动、逼真的教学情境,使教学内容形象地呈现,这样学生不仅能理解课文的内容,而且能在扮演中亲身体验,最后掌握目标语言。例如,英语礼貌用语"sorry"在不同的情境中有不同的内涵,教师可以通过构建一个体演框架来解释这,语言行为的意义,帮助学生形成深刻记忆,以便他们在未来可能遇到的社会环境中得体地表达自己。

(2)课程类型

体演文化法口语教学模式聚焦于文化规范及真实交谈技能的发展,因此需要两种类型的课程,即理论课和实践课。实践课是体演文化教学法的真正焦点,理论课则是为之提供必要的辅助。

在理论课上,教师要引导学生进行语言和文化方面的讨论,可以从词语文化和话语文化两个方面进行。词语文化主要包括习语、词语在文化含义上的不等值性,字面意义相同的词语在文化上的不同含义,以及民族文化中特有的事物与概念在词汇语义上的呈现;话语文化主要包括话题的选择、语码的选择、话语的组织。通过这两个方面的文化导入,使学生更好地理解文化对语言的影响和制约。

在实践课上，教师要创设一定的文化场景，以便为学生提供在目的语文化中进行问候、道歉等具体的体演机会。另外，教师最好使用学生的目的语教授课程，因为语言学习的最终目标就是学生将来能在目的语环境中恰当地运用目的。

（3）基本程序

体演文化法口语教学模式的核心是在目的语境中学习语言和文化，并经过反复演练将其存储到长期记忆中，使学生将来在目的语环境中能正确判断他人的意图，然后将记忆中积累的语言和文化调出来，进行得体有效的交际。因此，体演文化法口语教学模式应该包含以下三个基本步骤。

①构建语境

构建语境是该教学法一切活动的基础，包括如下几个步骤。首先，选择道具、设计教室，要注意道具提供什么信息，图片或画图都应简单明了。模拟场景，但应该让学生感觉到是要进行一场真实的交流沟通。重视语境的真实性，但更加重视任务的真实性，要考虑学生是否有机会遇到类似的场景，操练的内容一定要与实际生活相联系，是生活的真实反映，并按故事发展情节等从简单到复杂再到简单的顺序安排；其次，教师要帮学生构建语境，包括所处的地方、所承担的任务、所扮演的角色等。教师最好让学生先操练学过的语言，给他们真实沟通的机会。

②变更语境

之所以要变更语境，主要有以下几点理由：语言和行为随着语境的变化而变化，学生需要具备识别语境的能力，才能应对未来复杂多样的语境；课堂语境无法涵盖所有真实语境，学生要能够将所学的知识在新的语境中加以应用。语境的变更要逐步进行，并且清楚、简单、真实。更改语境不是随意的行为，而要遵循一定的方法，这些方法包括：替换，让学生学习新的词汇或句型；扩大对话练习，培养学生口语交流流利程度；更换身份，如换职务等，锻炼学生的应用能力。

③反馈与评价

首先，趁学生对场景和自己的练习有记忆之时，教师要给予及时、清晰的反馈。此时，教师要培养学生获得反馈信息的技能，以便于学生知道具

/133/

体的错误信息并知道如何改正错误。其次，教师要让学生知道自己的情况，并督促学生进行下一步的学习。

（4）基本方法

①运用丰富多彩的教学资料

通常情况下，统一的口语教材大多强调传统的文化交际内容，与实际不断变化的口语交际文化有些不协调。实际口语交际具有很强的实践性，而且涉及的文化范围十分广泛。这就要求教师要拓宽教学内容的范围，运用丰富多彩的教学资料，激发学生的表达意愿。具体来讲，教师可采用固定教材与补充资料相结合的方法，以克服教材单一的弊端，并通过补充资料使学生接触更加丰富的口语知识，进而从真正意义上培养学生的口语交际能力。

②培养学生的文化差异敏感性

在口语教学中培养学生的文化差异敏感性非常重要，它是提高学生口语交际能力的关键。而要想提高学生的文化差异敏感性，就要使学生了解多样化的文化种类，使学生对各种文化有一定的了解，逐渐消除文化成见对他们的消极影响。这就需要教师收集大量的典型信息，借助语境化的材料，将抽象文化与具体文化结合起来，并通过对比的方法培养学生对中西文化差异的敏感性，进而为学生的口语交际奠定基础。

③频繁进行口语演练

要想提高学生的文化差异敏感性，就要让学生频繁地进行文化体验，因此教师要让学生参与形式多样的学习活动和练习活动，不断加强他们对中西方文化差异的把握。在具体的练习活动中，教师要遵循由易到难、从具体到抽象的原则，以不断增强学生的自我效能感。在练习过程中，学生可以组织双人或小组对话，认真观察和体验同伴的应急反应，并及时做出纠正，如初定的对话场景是朋友之间打招呼，如果缺乏对文化差异的深度了解，谈话的主题很有可能会转移到年龄、职业等西方人敏感的隐私话题上，此时学生之间可以相互提醒和纠正，使学生在锻炼口语能力的同时，也加深了对文化差异的认识。

④通过多种渠道提高口语能力

为了提高学生的口语表达能力和跨文化交际能力，教师可以通过多种渠道、多种手段，使学生体验、吸收不同民族的文化特点和差异。其中，欣赏影视作品就是加深文化了解的有效手段。影视作品作为一种直观有效的信息载体，可以带给学生一种震撼的感受，能充分调动学生各方面的感官。同时，学生还可以根据电影中的内容进行口语模仿。由此可见，欣赏影视作品一方面能激发学生的积极性，另一方面能更有效地提高学生口语表达能力。

4. 任务型口语教学模式

功能语言学重视建构和语篇，提倡为学生提供机会，让他们参与真实自然和有交际意义的活动，并寻找知识、建构自己的模式。任务型教学模式的特色就在于多层面的互动。

任务型教学模式以学生为中心，以小组合作学习为主要学习形式，以学生完成任务、培养学生的口语能力为目标。该方法能有效激发学生的积极性，增强学生的合作竞争意识，最终提高学生的口语水平。

（1）教学步骤

①做语言、知识上的准备

在任务前阶段，教师主要是帮助学生做一些准备工作，如语言上的准备、知识上的准备，也可以就话题做准备。实际上，这一阶段也是实施下一阶段的前提和基础。在呈现任务时，教师要结合学生的生活和学习经验，创设有主题的情境，以此激发学生的好奇心和兴趣。需要指出的是，教师为学生提供的环境及思维方向必须与话题有关，并能够使学生已有的知识与即将要学习的新知识建立联系。这样才能激发学生进行口语表达的欲望，使学生对新知识的学习充满期望。此外，教师在这一阶段要遵循先输入后输出原则，也就是说任务的导入要在激活了学生完成任务所需的语言知识和语言技能后再进行。

②实施口语交际

这一阶段是实施任务的阶段，它是整个教学过程中极为重要的一个阶段。学生在接受任务后，可以采用多种方式来实施任务，如结对子或小组自由组合，也可以由教师设计许多小任务构成任务链等。结对子或小组自由组合的形式可以使每个学生都有机会练习口语，教师通过设计许多小任务构成任务链的形式，可以培养学生合作互助的精神。在完成交际任务的过程中，学生围绕口语任务主动搜集资料，学习课外知识，这些知识的积累可增加学生口语语料的储备。教师在这一阶段中的任务就是指导和监督学生的活动情况，以保证活动有效进行，当然，为了激发学生的积极性，教师也可以参与其中。

③评价任务完成情况

学生完成任务以后，各小组派出代表向全班汇报任务完成情况。各小组汇报任务完毕后，教师在这一阶段应该总结任务，对学生的完成情况予以评价，指出各组的优点和不足。评价时，教师应尽量对学生的任务完成情况抱着包容的态度，多进行正面的鼓励和表扬，并评出最佳小组。这样，学生在完成任务之后，就能品尝到成功的喜悦，同时，教师也要适时、适当地指出和纠正学生口语表达中的错误，给学生正确的引导。另外，教师还应对特定任务的口语表达模式进行总结，使学生掌握必要的口语表达方式。

（2）教学原则

①循序渐进原则

循序渐进原则是指任务型口语教学中任务的设计应由简到繁，由易到难，层层深入，并由初级任务向高级任务不断递进，而且高级任务又涵盖初级任务，这个过程是循环往复进行的。努南（Niman）指出，在课堂教学中，任务可以称为"任务链"或"任务系列"，每一项任务都要以前面的任务为出发点。这种任务形式有助于拓宽学生的语言知识面，也有助于提高学生的语言综合能力。所以，在具体的口语教学中，教师要遵循循序渐进的原则，使学生踏踏实实地一步步完成任务，并使学生在完成任务的过程中发展口语表达能力。

②人人参与原则

英语口语能力的培养并不是针对个别学生而言的，而是针对全体学生的。因此，为了培养所有学生的口语能力，教师在实施任务时要遵循人人参与原则，使每个学生都积极参与到活动中，并在完成任务活动的过程中锻炼自己的口语。

③难度适当原则

在任务型教学中，还要注意任务要具有合适的难度。练习的难度过小，让学生单纯地练习已熟悉的句型，这丝毫不具有挑战性，很容易使学生失去参与的热情和积极性，根本达不到交际的目的。练习的难度过大，又会使学生畏惧并因结果的不乐观而挫伤自信心，同样也达不到真正交际的目的。学生只有在经过一番努力之后因克服了困难而获得成功时,才会真正体会到成就感,也才能激起他们不断学习的热情。因此,教师要向学生提供不同层次的任务,使学生充分发挥自己的优势,共同完成任务。

四、系统功能语言学视域下英语阅读翻译教学研究

英语阅读翻译教学对于提升学生的阅读能力、翻译能力、英语实践能力有着很大帮助。英语阅读翻译教学的目的是进一步强化学生对英语的应用能力和阅读能力,是英语学习中最为关键的内容。

然而,由于受传统英语教学理念影响,我国当前的英语阅读翻译教学大多停留在老思路、老模式当中,教学有效性差,效率低。因此,英语阅读翻译教学中应积极融入新的方式方法,构建新型教学模式。实践证明,系统功能语言视域下的英语阅读翻译教学,便于学生理解文章,能有效调动学生的学习积极性,帮助学生树立学习信心。

(一)英语阅读翻译教学的难点分析

任何语言的形成与发展都与其社会背景、历史背景、文化背景、政治背景有关,因此,英语学习属于跨文化学习。在英语阅读翻译过程中,若学生对这些文化和背景不了解,没有掌握足够数量的词汇,往往难以正确翻译英语文章。

学生英语教学翻译难点主要体现在以下几个方面:第一,由于英语起源于西方国家,所以很多词汇的诞生都受西方地域环境影响,而亚洲地域环境与西方地域环境存在差异,所以学生对文章的理解易出现偏差;第二,中西方思维方式、教育模式的不同也会导致联想差异,也会导致学生对文章的理解和联想出现不同;第三,文化差异也会给阅读教学翻译造成影响;第四,传统教学模式下,模式化现象严重,千篇一律、照本宣科,学生往往选择死记硬背,思维模式僵化,不能理清阅读思路正确理解文章和知识,无法取得理想的教学效果,学习信心受到严重打击。可见,传统教学模式不利于学生英语阅读能力和翻译能力的提升。要想提高英语阅读翻译教学质量,教师应积极转变教学思路,构建新课堂模式。

(二)英语阅读翻译教学策略研究

现代英语教学中,阅读翻译教学一直都是重点和难点,对英语学习来说非常重要,既是英语学习的主要目的,也是学习英语的重要手段,属于重

要的英语实践技能，是学生英语水平提升的关键环节。英语阅读翻译教学，不仅能培养学生的语言意识，还能提高学生的翻译能力，扩大学生的英语知识面，帮助学生更好地进行跨文化语言学习。但英语阅读翻译教学涉及内容多，知识点复杂，仅依靠死记硬背并不能取得理想的学习效果。

而从对系统功能语言学理论的分析中可以知道，该理论非常适合应用于英语教学当中。系统功能语言学视域下的英语阅读翻译教学从语篇宏观特征入手，教学中注重把握篇章体裁、系统结构潜势和主旨大意等要素。因此，这种教学方式的教学过程中能大幅度提升学生的阅读效率，使学生能更好地理解文章内容。

这种教学方式不是强调一词、一句的翻译，而是注重全篇翻译，关注语义与语境的关系，把语言使用的基本意义单位作为教学重要内容，联系概念元功能与人际元功能，发挥语境优势展开英语阅读教学，促进了学生英语翻译能力的提升，加强了理论知识与实践知识的联系，把知识点与语境联系了起来。

这种教学方式在具体教学活动开展中可利用情境教学法。该教学法能营造语言环境，不仅培养学生的阅读兴趣，促进教学活动的高效开展，而且能帮助学生理解文章内容与细节，能大大降低阅读翻译教学的难度，还有利于系统功能语言学理论的融入，能有效发挥出英语的概念元功能、社会功能、社交功能。教师可以结合教学目标，设置问题，规划课题，设计具体的教学情境，从而增强课程针对性和实效性，调动学生的积极性，利用教学情境使学生从被动学习转向主动学习。

英语阅读翻译教学，属于跨文化学习，对学生的理解能力有着较高要求。系统功能语言学视域下的英语阅读翻译教学能够帮助学生对文章进行大体正确的把握，行之有效地弥补了学生词汇量小、阅读能力不足的问题，培养了学生的英语阅读翻译意识，合理降低了英语阅读翻译的难度，帮助学生挖掘了文章字里行间所隐含的深层意义，加深了学生对文章的印象，所以学生对知识点的记忆更牢固，理解更透彻，学习效率大大提升。因此，英语阅读翻译教学中应积极融入系统功能语言学。

如前所述，阅读翻译一直以来都是英语学习的重点、难点。传统英语教学方式方法在英语阅读翻译教学中的应用存在一定局限性，想要提高英语阅读翻译教学现状，提高教学质量，应走出传统模式的桎梏，突破局限，基于系统语言功能学理论构建新型课堂模式，突出语言功能，加强理论与实践的联系。同时，传统的英语翻译教学严重忽视了语篇整体性，导致学生学习过程中理解不透彻。而基于系统功能语言学理论的多元化英语阅读翻译课堂，从文章整体入手，通过对文章结构及逻辑思维的分析，来帮助学生进一步了解和体会文章主旨，学生在体会作者意图的同时，就能够很好地理解文章主体、对话主体、文化形式。

系统功能语言学视域下的翻译教学是高校英语教学的重要内容之一，它是学生获取信息以及进行信息输出的一种有效途径。目前高校英语对学生翻译能力要求不高，只要能够运用英语进行简单的对话活动即可。从高校英语教学的现状来看，大多数高校英语教学中，教师对英语翻译教学的重视程度不够，英语教学过于重视学生听、说、读能力的培养，学生英语翻译能力比较欠缺；翻译教学的形式也比较简单，主要实施静态式的翻译教学模式，学生的翻译学习主要根据原文，逐字逐句翻译，缺乏创造力。学生在翻译过程中普遍存在用词不当的现象，缺乏语用规则，逻辑性也亟待提升。系统功能语言学视角下的英语翻译教学，将着力于建立起英语与汉语之间的对等关系，这种对等关系不是基于语法意义上的对等，而是基于语篇意义上的对等。学生通过翻译学习，能够实现二语语言在整体语用情境中的对等，也就是在语境中，二语能够实现有效的互换。学生将不再拘泥于一种语言的语法结构或者句型结构，而是在意义对等的前提下，寻找种与原文最近似的翻译形式，实现表达意义上的对等。

参考文献

[1] 刘爱玲，魏冰，吴继琴.英语语言学与英语翻译理论研究[M].吉林出版集团股份有限公司，2020.05.

[2] 佟丽莉.语言学与英语翻译教学的多维度探析[M].西安：陕西科学技术出版社，2020.05.

[3] 陈莹,吴倩,李红云.英语翻译与文化视角[M].长春:吉林人民出版社，2020.04.

[4] 钟文龙.计算机英语[M].重庆：重庆大学出版社，2020.08.

[5] 祁岩.商务英语与跨文化翻译研究[M].长春：吉林人民出版社，2020.08.

[6] 郭艺，于志学.商务英语翻译专题研究[M].吉林出版集团股份有限公司，2019.05.

[7] 史小兰.英语语言文学与文化理论研究[M].西安：西北工业大学出版社，2020.02.

[8] 周彦君.商务英语翻译教程[M].西安:西安电子科学技术大学出版社，2020.09.

[9] 唐昊,徐剑波.跨文化背景下英语翻译理论研究与实践探索[M].长春:吉林人民出版社，2020.08.

[10] 王淙，张国建.国家语言能力视角下商务英语能力标准研究[M].北京：对外经济贸易大学出版社，2020.11.

[11] 周榕，郭沫，秦波.英语翻译与语言学[M].安徽师范大学出版社，2019.09.

[12] 王悦.商务英语语言特征与翻译研究[M].天津科学技术出版社，2019.02.

[13] 龙志勇，徐长勇，尤璐.商务英语翻译第3版[M].北京：对外经济贸易大学出版社，2019.01.

[14] 曹文娟，张婷.英语翻译教程[M].长春：吉林人民出版社，2019.10.

[15] 樊洁，崔琼，单云.语言学与英语翻译教学研究[M].吉林人民出版社，2021.06.

[16] 余玲.文学翻译与大学英语教学[M].北京：原子能出版社，2019.09.

[17] 赵环.商务英语翻译技巧[M].北京：现代出版社，2019.10.

[18] 段云礼.实用商务英语翻译第3版[M].北京：对外经济贸易大学出版社，2019.02.

[19] 左瑜.英语翻译的原理与实践应用[M].长春：吉林大学出版社，2019.04.

[20] 刘士聪.文学翻译与语言审美[M].天津：南开大学出版社，2019.08.

[21] 朱全明，王依超.大学英语写作与翻译[M].苏州：苏州大学出版社，2018.06.

[22] 唐静.2019考研英语拆分与组合翻译法[M].北京：群言出版社，2018.03.

[23] 孙宝凤.英语翻译多维视角探究[M].北京：九州出版社，2018.06.

[24] 孔祥娜，李云仙.英语翻译方法与技巧演练[M].长春：吉林美术出版社，2018.09.

[25] 沈明瑄，王海萍，陈晓丽.大学英语翻译教程[M].北京：中央民族大学出版社，2018.06.

[26] 张萍.商务英语翻译中存在的问题及对策[M].北京：中国商务出版社，2018.06.

[27] 苏雪莲.商务英语话语分析与翻译研究[M].北京：北京工业大学出版社，2018.05.

[28] 骆洪，徐志英.外国语言文化与翻译研究[M].昆明：云南大学出版社，2018.

[29] 王苗. 功能翻译理论与科技英语翻译策略研究 [M]. 北京：冶金工业出版社，2018.08.

[30] 常俊华，崔先猛，徐宏力. 英语词汇习得与翻译认知研究 [M]. 济南：山东人民出版社，2018.11.

[31] 郝彦桦，李媛. 当代英语翻译与文学语言研究 [M]. 成都：电子科技大学出版社，2017.11.

[32] 萨晓丽. 英语专业八级专项试题练习集新题型阅读理解、语言运用、翻译、写作 [M]. 广州：中山大学出版社，2017.04.

[33] 翟芳. 学术英语翻译与写作 [M]. 西安：西北工业大学出版社，2017.06.

[34] 郭晓燕. 商务英语翻译 [M]. 北京：对外经济贸易大学出版社，2017.08.

[35] 董晓波. 商务英语翻译第 2 版 [M]. 北京：对外经济贸易大学出版社，2017.03.

[36] 马予华，陈梅影，林桂红. 英语翻译与文化交融 [M]. 长春：吉林人民出版社，2017.08.

[37] 李俊清. 商务英语翻译实践 [M]. 成都：电子科技大学出版社，2017.05.

[38] 吴丹，洪翱宙，王静. 英语翻译与教学实践 [M]. 长春：吉林人民出版社，2017.05.

[39] 周婷. 大学英语翻译技巧与实践教程 [M]. 华中科技大学出版社，2017.05.

[40] 李玲玲. 商务英语与商务英语翻译研究 [M]. 长春：吉林大学出版社，2017.12